I0796472

BESTSELLER

Gaby Vargas es comunicadora en prensa, radio y televisión, con más de dos mil artículos divulgados en diversas publicaciones de relevancia nacional. Con treinta años en la radio, es autora de grandes éxitos editoriales sobre temas de superación personal, autoestima, salud, motivación, espiritualidad, entre otros. Conferencista de amplio reconocimiento, es maestra certificada por HeartMath Institute y por Enneagram Worldwide. Imparte el seminario Inteligencia del Corazón, que ha llegado a miles de personas; creó con diversas personalidades altruistas las fundaciones APAC, Marillac y Balón por Valor. Entre los numerosos premios que ha recibido se encuentran Mujer del año 2008, Galardón Master de Oro 2008, por la Embajada de España, y Giving Women Credit por ProMujer, en Nueva York, en 2013.

gabyvargas.com

OficialGabyVargas

@gaby_vargas

GABY VARGAS

YO DECIDO

DEBOLS!LLO

El papel utilizado para la impresión de este libro ha sido fabricado a partir de madera procedente de bosques y plantaciones gestionadas con los más altos estándares ambientales, garantizando una explotación de los recursos sostenible con el medio ambiente y beneficiosa para las personas.

Yo decido

Es tu vida, ¡vívela! Que nadie decida por ti

Primera edición en Debolsillo: febrero, 2025

Penguin Random House Grupo Editorial, S. A. de C. V.
Blvd. Miguel de Cervantes Saavedra núm. 301, 1er piso,
colonia Granada, alcaldía Miguel Hidalgo, C. P. 11520,
Ciudad de México

penguinlibros.com

Diseño de portada: Penguin Random House / Laura Velasco Borrero

ISBN: 978-607-385-407-8

Impreso en México – *Printed in Mexico*

Dedicatoria

A Joaquín, mi padre:
porque en tus decisiones
siempre hubo visión,
fortaleza y valentía;
así trascendieron y
permanecen en mi vida.

A Pablo, mi compañero:
la decisión de pasar mi
existencia junto a ti, ha
sido la mejor de mi vida.
El amor y la determinación
con que vives me inspiran
y motivan.

“Nuestra filosofía
no se expresa en
palabras; se expresa
en las decisiones
que tomamos...
y las decisiones que
tomamos, en última
instancia, son nuestra
responsabilidad.”

Eleanor Roosevelt

Índice

Agradecimientos

Jorge Luis Borges decía: "Soy la suma de lo que he leído", y me atrevo a agregarle, "y de lo que mis maestros me han enseñado". Es por esto que agradezco de todo corazón a los grandes maestros que he tenido en mi vida y cuyas enseñanzas se reflejan en este libro: Joaquín Vargas, Gabriela Guajardo de Vargas, Pablo González Carbonell, mis hijos: Paola, Carla y Pablo; Diego y Toño, mis yernos, y mis ocho nietos de los cuales aprendo siempre.

Gracias a Miss Alice Riveroll, Ana Mary Saldívar, Germán Dehesa, Robert Holden, Hellen Palmer, David Daniels, Louise Hay, Richard Rizzo, Don Hudson, Andrea Vargas, Marcela Hernández, Ivette Soyoa, Marianne Williamson, Caroline Myss, Alicia Ramos y Cristina Quezada: de todos llevo en mí un pedacito.

Gracias a ti y a todos los lectores que me han apoyado desde que inicié mi carrera: por ustedes y para ustedes es este libro.

Gracias al Grupo Editorial Santillana, mi casa editorial, por su gran esfuerzo para concretar este libro. En especial a Carlos Ramírez por su confianza, a Paty Mazón por sembrar la semilla que originó este trabajo, a César Ramos y Sara Schulz, por su paciente y atinado trabajo editorial. A Claudia López y David García Escamilla, por el entusiasmo en la promoción del libro, a Paola González Vargas, por las fotografías para portada y promoción, y a Enrique Hernández y Ramón Navarro por la creación y diseño de sus interiores.

Gracias a José Luis Caballero, por proteger y asesorar mi autoría.

Gracias a Benicia Anaya, mi asistente, por su gran disposición y efectividad.

Gracias a las personas que generosamente compartieron momentos trascendentes en su vida, como mis queridas amigas: Consuelo Duval, Martha Sofía Elizondo y Luz María Rodríguez; a Emma Vianey, Elvira Nuñez, Gil, Martha Monzalvo, Beatriz López, María Luisa Flores, Karen Castañeda de la comunidad twittera...

A todos, de corazón, **gracias.**

Prólogo

Era época de sequía. Aquella mañana salí muy temprano a caminar en el campo. Los tonos paja, castaño y café predominaban en el panorama que mi vista podía alcanzar. Sin ser el paisaje ideal, tenía su propia belleza.

Mientras avanzaba, vi de pronto una flor silvestre, morada, que crecía en medio de la hierba seca. "¿Qué haces aquí? ¿Cómo pudiste crecer?" No me lo explicaba. Verla me llenó el espíritu. Seguí mi camino al tiempo que reflexionaba sobre esa flor como un ejemplo de fortaleza y una metáfora que podía aplicarse a muchas áreas de la vida.

¿Cuánta gente con la que nos encontramos es como la hierba seca? Su energía es negativa, está muerta en vida, sin luz en la mirada; no le gusta su trabajo, no le gusta su vida, no le gusta su pareja. Pareciera que vive en una constante lucha de antemano perdida. Ignora que con esa actitud está destinada a la frustración.

¿Será difícil ser como esa flor? ¿Ser una persona que honra la vida sin importar en qué circunstancias se encuentre, que florea independientemente de lo que le rodea, como si estuviera consciente de que la responsabilidad de ser feliz es de ella y de nadie más? Ésa es la pregunta que me motivó a escribir este libro.

Hoy estoy convencida de que la posibilidad de afirmar "yo decido" surge de una visión de la vida, de la confianza, de una actitud: mi actitud y de nadie más. Mas debo reconocer que no siempre seguí este precepto, en muchas ocasiones me equivoqué, tomé malas decisiones y consentí que otros decidieran por mí.

Permíteme que te comparta mi experiencia.

Soy adicta al trabajo. Llevo diez años en recuperación y ahora sé que ser trabajo-adicta se puede controlar, aunque la tendencia permanece latente. Podría justificar este rasgo de mi carácter y decirte "me fascina lo que hago", lo cual, aunque es cierto, tiene un trasfondo. Lo que en realidad nos motiva a caer en una adicción –ya sea comida, bebida, compras, cigarro y demás– es un impulso obsesivo. Sí, es una obsesión inconsciente que nos lleva a esconder, disfrazar o evadir ese enorme vacío interior que sentimos. Al tener este tipo de conductas obsesivas lo que en realidad buscamos es la aprobación, el cariño o la admiración de las personas que nos rodean. El punto de partida para desarrollar una adicción es que no logramos satisfacer lo anterior por nosotros mismos.

Hoy puedo darme cuenta de que he sido la única responsable de lo que soy y de lo que seré mañana. Y ésa es la premisa de este libro: en cada momento decidimos quiénes somos, qué queremos, qué podemos hacer y qué merecemos -o qué no-, guiados por nuestros pensamientos, nuestra manera de vernos y lo que creemos del mundo y de nuestra propia persona, seamos conscientes de ello o no.

En mi caso, idealizaba el trabajo, pensaba que a través de él y del agotamiento que me causaba llegaría un día a "sentirme bien", tendría el cariño y la admiración de los otros. En mi visión de entonces esto, a su vez, daría lugar a mi propia aceptación y, más tarde, me daría también la paz interna. Durante 25 de los 35 años de mi vida laboral caí en esa trampa. Y no fui responsable de mí misma, sino que otras cosas y otros decidieron por mí: el ego decidió por mí, el trabajo decidió por mí, el miedo al rechazo decidió por mí, la moda decidió por mí, la búsqueda de sentido de pertenencia decidió por mí, el "qué dirán" decidió por mí, el "deber ser" decidió por mí, el estrés decidió por mí, la vanidad decidió por mí y el afán de lograr una meta, ignorando lo que mis valores me dictaban, también llegó a decidir por mí.

Hace diez años, diversas circunstancias me hicieron despertar. Con ellas pude darme cuenta de que con frecuencia los mejores regalos que la vida nos envía vienen envueltos en un papel nada agradable. Tuvo que pasar el tiempo para, a la distancia, apreciar su valor.

Fue hasta entonces que vi que no tienes que ser perfecto para ser digno de ser amado; que no vales por lo que haces, vales por lo que eres. Equivocarse, meter la pata o fracasar no toca la perfección de nuestra esencia interna. Al contrario, todos esos tropiezos están bien, ¡ésa es la vida! Así, gracias a un proceso nada fácil, me hice poco a poco consciente de que las cosas que en realidad importan se pueden contar con los dedos de una mano y, sobre todo, de que la felicidad es responsabilidad propia y de nadie más.

En estos diez años que llevo concentrada en otro tipo de trabajo –el interior–, he procurado construir una estructura interna que fortalezca lo que en realidad soy, más allá de los deberes y conquistas externas. Gracias a eso he podido, paulatinamente, ser cada vez más sensible a esa voz íntima que debe guiarnos en la toma de decisiones y en cualquier cosa que hagamos, en vez de escuchar a nuestros temores que se empeñan en decirnos que no somos dignos de amor o de consideración.

La pregunta que con frecuencia nos hacemos es si nuestro destino está escrito o lo escribimos, si somos autores o personajes. Nadie tiene una respuesta definitiva en ninguno de los dos sentidos. Personalmente considero que en parte nos escribimos y en parte estamos escritos. Te lo planteo de la siguiente manera: en esta vida no elegimos el lugar ni el día de llegada, tampoco sabemos por qué llegamos, no decidimos nuestro sexo ni escogemos a nuestros padres o hermanos. No elegimos nuestros rasgos físicos ni nacer con salud o con algún padecimiento. De la misma manera, ignoramos el día en que dejaremos este cuerpo en el mundo.

Lo que sí está en nuestras manos es ver y aceptar una realidad, evitar sabotearnos y decidir lo que haremos ante los hechos. Sólo recuerda que si eres pasivo y no tomas una decisión, la vida termina eligiendo por ti.

Si bien puedo decir que en gran parte de lo que hago ahora decido yo, también reconozco que el campo de batalla no está afuera, está en mi mente; en ella se desarrolla la lucha más fuerte, mi propia lucha.

La vida es muy astuta. Constantemente nos manda retos para probarnos, para desafiarnos o para hacernos crecer. Muchas veces siento que me reta burlona: "A ver si eres tan congruente y es cierto todo lo que dices en tu libro...", porque como todos, también a diario lucho por controlar mis pensamientos. La verdadera exigencia es un acto de consciencia; más que dejar de seguir los impulsos, se trata de darnos cuenta de ellos y no permitir que nos secuestren la mente.

Es frente a los retos que decido confiar en la vida, en el bien, en el poder de mi mente y enfocar mi atención sólo en lo que sí deseo que suceda. Esta conciencia ha cambiado mi forma de estar en el mundo. Mi intención con este libro es convencerte de que tu cuerpo reacciona al contenido de cada uno tus pensamientos y creencias. El bienestar sólo es un efecto del "bienpensar": tus pensamientos se convierten en sentimientos, tus sentimientos en actitudes y palabras, estos a su vez se transforman en decisiones y de este ciclo estamos hechos. Las decisiones por elección o por omisión son las que definen el rumbo de nuestra existencia.

A través de estas páginas espero, querido lector, querida lectora, contagiarte lo que he aprendido y convencerte de que afirmar "yo decido" es una fuerza que está en ti y en mí, es nuestro poder y nuestro derecho.

Con todo cariño, **Gaby Vargas**

YO

decido mi vida

1

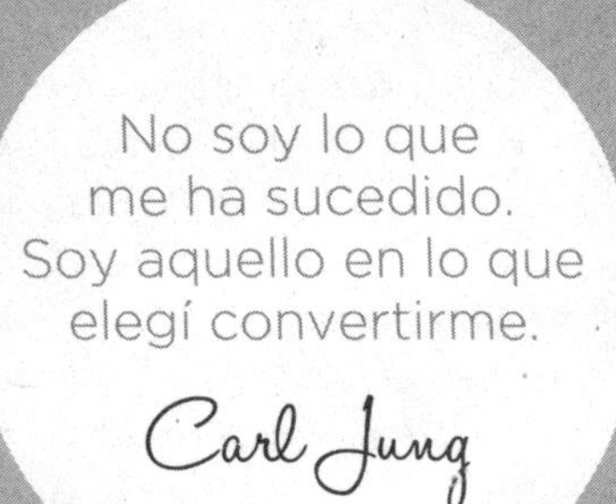

Aquello que piensas, experimentas

Para no preocuparla, nunca le dijo a su mujer que se operaría las anginas. Joaquín Vargas –mi abuelo– murió inesperadamente en la plancha del quirófano en 1926, por una complicación debida al cloroformo. Dejó a dos hijos pequeños, una niña de dos años y un bebé recién nacido: mi padre.

Al poco tiempo a mi abuela, oriunda de Linares, Nuevo León, se le acabó el dinero y tuvo que rentar los cuartos de la casa a estudiantes de su pueblo que llegaban a la Ciudad de México. A Joaquín niño lo mandaron a dormir al cuarto de servicio.

Un día, Joaquín entró a la cocina y encontró una escena que se le quedó grabada para siempre: su mamá lloraba desconsolada por no tener nada para desayunar ni dinero para comprar comida. Joaquín se sintió horriblemente impotente. No recordaba haberla visto así nunca, por lo que sacó su cachucha y la vendió en un camión por menos de lo que valía. Mi abuela siempre guardó ese tostón de plata —que se usaba en aquel entonces— como un tesoro. Y mi papá obtuvo su primera lección de vida: "El dinero es importante."

Mi padre estudió en la escuela de gobierno "Benito Juárez", allí desarrolló su primer negocio, hacía bolsitas de chamois que compraba al mayoreo a un chino, hasta que la dulcería de la escuela se quejó porque la competencia ponía su negocio en peligro. "Pero yo continuaba por la vía del contrabando a petición de mi clientela", escribió Joaquín en un librito que hizo para su familia.

Asimismo, mi abuela decidió vender comida a domicilio, a lo que Joaquín ayudó. Tan pronto llegaba del colegio se colocaba tres portaviandas en cada brazo para repartirlas en patines. Otro anexo a ese negocio era ofrecer encerado y lustrado de pisos de madera con una máquina casera Electrolux, trabajo que también realizaba él. "La época más pobre de mi vida fue la más feliz de mi niñez."

Joaquín siempre vistió de "gallos" que sus primos le heredaban. Sonriente recordaba que un día, estando en una fiesta en casa de sus primos, vio llegar a la muchacha que le encantaba. "Me quedé petrificado, pues recordé que el traje que llevaba puesto había sido de su papá. Fue tal mi susto que salí volando para mi casa, pensando por primera vez con coraje que, en toda mi juventud, nunca había estrenado un solo traje."

Poco tiempo después, a los dieciséis años, pudo estrenar por primera vez un traje de su talla: el de soldado. Entró al servicio militar, como él platica, por "bocación", con "b", porque al menos ahí comería tres veces al día. Después de seis años de servicio, como compensación le dieron 3,900 pesos, los que dio como enganche para comprar un camión de volteo. Al poco tiempo aprendió otra lección: "Del negocio sobre ruedas, salte en cuanto puedas."

Terminada la Segunda Guerra Mundial no se conseguían herramientas de acero, ni siquiera las más elementales. Así que Joaquín decidió fabricar martillos, marros y bieldos que vendía a las ferreterías del Distrito Federal.

Un viernes 13 de febrero, a un año de haber iniciado su taller, estaba sentado a unos diez metros de distancia de un obrero que cortaba una varilla de acero. Al golpe del marro se desprendió una esquirla que le entró como balazo al ojo derecho y le destrozó la retina.

"Nunca más podrá manejar un coche", sentenció el doctor.

"Lloré y comprendí que mi aventura industrial me había costado mucho: un ojo de la cara."

Durante su convalecencia, entendió lo frágil que es el cuerpo humano y cómo la vida puede cambiar por completo nuestro destino en un segundo. Después de despedir a sus veinte trabajadores no quiso saber más de la "fábrica". "¿Por qué a mí, si yo estaba trabajando?", se lamentaba, sentado en las banquitas de hierro de la Plaza Río de Janeiro, donde meditaba o platicaba con desconocidos. Después de ocho meses, un buen día, sin explicación alguna, recapacitó y se dijo: "Sigues siendo Joaquín Vargas con un ojo o con dos; deja de hacerte tarugo y ponte a trabajar."

En esa época, acomplejado, pobre y sin trabajo, conoció a Gaby, su futura esposa, quien —como él siempre lo decía— le devolvió la seguridad en sí mismo.

Un vendedor de línea blanca

"¿Qué te puede ofrecer un vendedor de línea blanca a comisión y sin sueldo?"

"...Me sentía mal con Gaby porque todos mis concuños tenían auto, mientras que yo viajaba en camión."

A pesar de que don Ernesto, el papá de Gaby, no daba su aprobación al noviazgo con Joaquín, ellos se casaron en 1952. Con el tiempo, se ganó la admiración y el cariño de su suegro.

Después de la pérdida del ojo y la sentencia del doctor de que ya no podría manejar un automóvil, Joaquín decidió que como viaje de luna de miel conduciría de México a Nueva York en un Ford Coupe que tenía dieciséis años de uso, para llegar al piso más alto del Empire State, donde con una mentada, le brindaría su hazaña al doctor.

"Desde ese momento, guardé parte del dinero que ganaba", dijo Joaquín, quien al dejar el ejército nunca más volvió a tener un sueldo. Con sus ahorros estableció su primera gasolinera, ubicada frente al aeropuerto de la Ciudad de México. La equipó con bocinas de música y dio uniformes para sus empleados, algo visto por primera vez en México. Después de un tiempo, rompió el récord de ventas de gasolina en todo el país.

"Se dice que todo ser humano tiene una oportunidad en su vida. La diferencia está en que unos la identifican cuando llega y otros ni se enteran. Opino que hay algo de cierto en esta afirmación", comentaba Joaquín.

Su carrera de vendedor fue creciendo y se volvió vendedor de partes de avión. Hasta que llegó el momento —tal y como lo soñó— en que Joaquín le vendía a la Fuerza Aérea Mexicana "hasta el último tornillo".

Un día, mientras se encontraba en una fila para cobrar una factura, se enteró de la existencia de un avión DC-6, viejo e inservible, que estaba condenado al abandono. A Joaquín se le ocurrió ofertar por él una cantidad irrisoria. "Sí, te lo vendemos —le respondieron—, con la condición de que te lo lleves ahorita."

"¿Ahorita?" De volada, Joaquín organizó que una grúa lo cruzara del hangar a su gasolinera, a la que daría un atractivo más para sus clientes. Él tenía en cuenta que en esa época —hace 50 años— eran pocos los privilegiados que conocían un avión por dentro. Pero poner la idea en práctica fue una pesadilla. Se encontró con mil obstáculos que no imaginó. Las veinte toneladas de peso del avión provocaron el hundimiento del pavimento, y en el intento, chocó con los cables de alta tensión y del trolebús que estorbaban su paso; en consecuencia detuvo el tránsito de vehículos por una buena cantidad de horas. "Cuando llegué a mi casa, al amanecer, Gaby dormía, pero me sintió y de inmediato me preguntó: '¿De dónde vienes a estas horas?' Mi respuesta fue: 'Compré un DC-6, pero se me hundió en el pasto del camellón.' Con los ojos desorbitados por el asombro me dijo que me acostara, que hablaríamos al día siguiente. Ya después me confesó que creyó que estaba 'hasta atrás', por lo inverosímil de mi narración."

"Ese viejo avión dio un cambio a mi vida, pues con él nació el restaurante Wings."

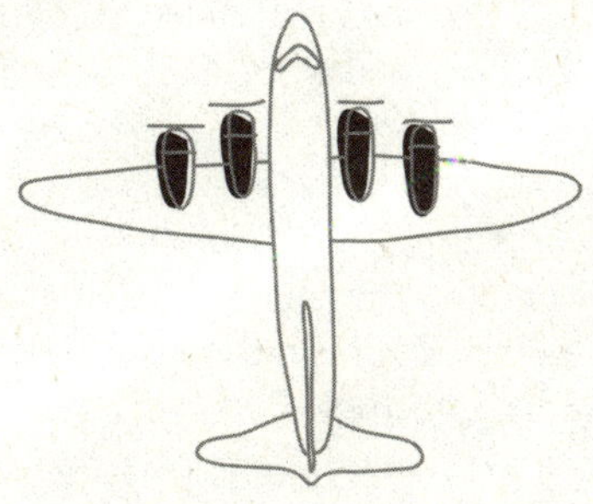

La música siempre fue su pasión. "En los años sesenta, después de trabajar como loco, compré mi primer automóvil en Los Ángeles, California, y al traer el coche a México, oprimí una tecla que decía FM y se sintonizó una estación. Escuché una música hermosa, con una calidad de sonido nueva en la radio." Al llegar fue a la entonces Secretaría de Comunicaciones y Transportes, donde obtuvo la concesión de la banda de frecuencia modulada para la ciudad de Monterrey; así nació Stereorey, y se comenzó a usar dicha banda, que nadie había explotado en el país.

El primer lugar que fungió como estudio para grabar la música de la estación de radio —hoy MVS— fue el vestidor de su casa. Lo recuerdo sentado frente a un gran aparato en el que giraban dos grandes rollos. Después, habilitó el despacho de la misma, en donde se instalaba a grabar cientos de horas. La casa de mi infancia estuvo inundada de música, lo que siempre agradecí.

En perspectiva

Cuando mi padre comentaba: "Comencé con una mano adelante y otra atrás", no exageraba. Como te pude compartir en tan breve espacio, su vida siempre estuvo llena de retos, obstáculos, pérdidas dolorosas y situaciones difíciles. Desde la muerte de su padre a los dos meses de edad, el secuestro de su hijo mayor durante tres meses, la muerte por accidente de mi hermano Adrián a los 41 años, hasta el Parkinson que sufrió los últimos 25 años de su vida, sobre el que, dicho sea de paso, nunca, pero nunca se quejó. "¿Cómo estás, papá?" "Mejorcito...", siempre era su respuesta.

Sin dinero, sin estudios y sin un ojo, son motivos suficientes que cualquiera usaría para no salir adelante. Sin embargo, no fue así.

¿Por qué te cuento esta historia? Porque si bien la vida de Joaquín Vargas se puede reducir a tres palabras: actitud, lucha y trabajo, a la distancia, puedo afirmar que él así lo decidió. Decidió salir adelante, arriesgarse, confiar en su intuición y seguir su pasión, a pesar de los retos que nunca lo abandonaron.

Lo que admiro de él es precisamente que, además de todo lo anterior, fue un gran hijo, un gran esposo, un gran papá, un gran mexicano, un gran empresario, y siempre estuvo rodeado de muchos amigos que quiso y lo quisieron bien.

Ése, para mí, es el verdadero concepto de éxito.

¿Su secreto? La ranita

Aquella mañana de sábado, yo tendría unos catorce años y conversaba con mi papá, estábamos sentados en unos silloncitos situados a la entrada de la casa, lo recuerdo muy bien. No era frecuente tener este tipo de conversaciones en las que él hablara de su vida o de su pasado. Ese día me platicaba acerca de su niñez, de su juventud, de la falta que le había hecho su padre en la vida.

“¿Pero cómo le hiciste entonces para salir adelante?”, le pregunté.

“La ranita que nunca me falla”, me respondió.

Ese día oí mencionar a la ranita por primera vez. Ése era su secreto. “Si la ranita no me habla, por más convincente o tentadora que suene una oportunidad, un negocio, una explicación o una invitación, simplemente no le entro; trátese de lo que se trate”, me comentó mi papá. “¡Ah!, pero si siento que ella me hace clic, entonces voy con todo; invierto todas las ganas, el trabajo, el tiempo. Voy sin miedo y jamás me cruza por la mente la idea de un posible fracaso.” Con ese clic, él sabía y estaba completamente seguro de que al tomar una decisión, le iría bien. ¡Y le iba bien!

Sí, la ranita era la forma en la que él describía esa sensación en el cuerpo que se te presenta de manera muy clara ante una disyuntiva que requiere tomar cualquier tipo de decisión: “¿Le entro o no le entro?” “¿Lo contrato o no lo contrato?” “¿Lo hago o no lo hago?” “¿Me dice la verdad o no?” “¿Me caso con ella o no?” “¿Invierto en esto o no?”, en fin... Todos la tenemos, sólo que, o no sabemos escucharla, o no queremos hacerlo.

Quizá sin estar consciente de ello, esa convicción mental con la que Joaquín hacía todo, ejercía un enorme poder sobre sí mismo y su vida. Esto obedece a la ley universal de causa y efecto, en la que un árbol de manzanas da manzanas; es decir, la mente es causa y los resultados, efecto. Cuando te convences de algo, ese algo se manifiesta, se materializa.

Al escucharlo describir su muy particular “filosofía anfibia”, mi papá hablaba con tal convicción interna que comunicaba ese confiar en lo profundo, que una vez tomada la decisión, el Universo, la vida o Dios, lo proveería de todo lo necesario. Emanaba tal energía y determinación que podía sentirse a diez metros a la redonda. Simplemente, la contagiaba.

Así creó y se fabricó su "buena suerte". Claro, además de mucho, pero mucho trabajo.

¿Qué es en realidad la ranita?

Después de muchos años y con los conocimientos adquiridos, he podido constatar que se trata de esa sabiduría ancestral que es parte de nuestro ADN, sólo debemos aguzar los sentidos para reconocer cuando nos habla. La ranita siempre habla o murmura, mas no grita; se vale de sutiles sensaciones que con frecuencia ignoramos.

¿Alguna vez te has dicho: "Lo sabía, sabía que esto no iba a funcionar", "ya me lo imaginaba", "algo me decía que estaba mintiendo", por mencionar algunos ejemplos? Bueno, pues, ésa es la ranita.

Para decir: "Yo decido", es importante, por lo menos, localizar las coordenadas de dónde estoy parado en mi mapa interno. Si puedo ubicarme y conocer un poco más de mí; saber qué me mueve a tomar una decisión y por qué razones hago lo que hago, tengo un buen punto de partida.

Cuando falta esto, cuando no he encontrado qué o quién soy, ni dónde estoy, es claro que no sabré dónde está lo superior, ni lo que está a mi derecha, ni lo que está a mi izquierda. Se trata de buscar ese epicentro, ese punto de partida que es el conocimiento de ti mismo.

Si bien es un hecho que conocernos a fondo es un propósito muy pretencioso, intentarlo y persisitir en ello hace que, de paso en paso, la neblina se disipe.

Comencemos por algo muy importante: saber que la ranita sólo brinca cuando tus tres semáforos internos se ponen en verde. ¿A qué me refiero? Te platico.

Los tres centros de inteligencia

De acuerdo con los estudios del Eneagrama —una herramienta de psicología que data de 2000 años a. C.—, los seres humanos tenemos tres centros de inteligencia, que trabajan doce horas al día y desde los cuales operamos. Conocerlos es fundamental para saber cuál es el que predomina en ti, en el momento en que te enfrentas a una decisión, grande o pequeña.

Estos tres centros son elementales para la subsistencia, sólo que siempre tendremos uno dominante que aflora de manera automática. Por lo que estar conscientes ayuda a mantenerlos bajo control para conseguir el equilibrio.

Como un gran instrumento de navegación, los tres centros de inteligencia tienen un lenguaje propio, una manera de expresar su sabiduría. Sin embargo, sucede que, en el día a día, tus entrañas te dicen: "Estoy molesto", pero tu mente sugiere: "Ignóralo." ¿Y a quién le haces caso?

Desconocer las maneras con las que se expresan, aunado a las prisas, el estrés, el exceso de estímulos auditivos y visuales, ha provocado que nos desconectemos de esa sabiduría ancestral incluida en nuestro paquete genético de nacimiento.

Los **3** centros son:

A cabeza o intelectual
B corazón o emociones
C cuerpo o instinto

¿Cómo reconocerlos?

Observa. Todos conocemos personas que se conectan con la vida mediante el conocimiento de la ciencia, del intelecto; que viven entre libros o metidos en su computadora sin relacionarse mucho con el mundo. Para este tipo de personas, es difícil contactar con su cuerpo; ellos viven como si no lo tuvieran, como si no existiera. Es probable que su centro predominante sea la cabeza.

Asimismo, conocemos personas para las cuales la vida sólo cobra sentido por medio de las emociones, del arte, de la pasión, de la intensidad. Son los perfectos escuchas cuando tenemos un problema; son sensibles, creativos y les gusta la intimidad. Ellos notan la belleza en el mundo y son capaces de movernos a través de la creatividad en una pintura, en un poema o en su forma de bailar. En ellos, predomina el centro del corazón.

O bien, conocemos personas para quienes las actividades físicas son sencillas; viven en su cuerpo y a través de él sienten, conocen, bailan, se mueven, intuyen las situaciones, a las personas y al mundo. En ellos, el cuerpo o el instinto es su principal fuente de información.

Así que para tomar una decisión adecuada, lo más importante es sentir los tres centros de inteligencia alineados. ¿Cómo?

Los tres semáforos

Imagina que en cada uno de estos centros tuvieras un semáforo. Si al considerar tu veredicto, analizas qué te dice la cabeza y ella te da luz verde, adelante. Ahora, pasa por el corazón, ¿qué opina? Si también está en verde, vas por buen camino. Mas el determinante es ese viejo sabio que habita en cada célula de tu cuerpo y que da el veredicto final. Su forma de expresarse es más sutil y se manifiesta en el vientre. La forma en que te da el siga es sentir: "Me late", "me gusta", "sé que está bien".

Cuando tus tres centros te dan luz verde, escucharás a la dichosa ranita.

Después de haber tomado muchas decisiones equivocadas en diversas ocasiones y haber comprobado, arrepentida, que mi instinto tenía la razón, aprendí a reconocer las señales de la ranita. Y lo maravilloso es que he podido constatar, tal y como lo decía mi padre, que nunca se equivoca.

Además, conocer y contactar con los tres centros te permite estar más consciente, más arraigado, ser más dueño de ti. Esto no sólo es útil para la toma de decisiones, también es muy conveniente en toda tu vida; por ejemplo, antes de dar una plática, de decirle algo delicado a alguien, de enfrentar un proyecto, una noticia o de exponer algo importante.

Te invito a detenerte unos segundos en el día para escuchar lo que el cuerpo te expresa. Hónralo. En lugar de jugar a las vencidas entre el "estoy enojado" del cuerpo y el "cállate" de la mente, detente y revisa, "¿qué siento?", pero sobre todo, "¿por qué lo siento?"

Una buena decisión de inmediato se siente en el cuerpo.

¿Cuál es el tuyo?

A continuación, más detalles sobre cada uno de los centros:

A EL CENTRO DE LA CABEZA

Las personas centradas en la cabeza o mentales tienen un razonamiento lógico, de pensamiento abstracto, y se les facilita el uso del lenguaje y de los símbolos. Son muy observadores, sienten fascinación por el conocimiento, les gusta pensar, reflexionar, planear e imaginar. Es fácil que su mente "se pierda" y divague en películas mentales, por lo que, con frecuencia, tienen que hacer un esfuerzo para "reconectarse" con el mundo.

Al hacerlo, suelen experimentar temor a equivocarse, por eso tienden a analizar, sintetizar, cuestionar, elaborar planes y estrategias. También acostumbran recopilar información para que su decisión sea más acertada.

Este centro es el que está más asociado con la inteligencia y la comprensión. Incluso, las pruebas de inteligencia, que algún día nos hicieron en la escuela, se basaban en la evaluación de este centro.

B EL CENTRO DEL CORAZÓN

Las personas centradas en el corazón, o emocionales, actúan y reaccionan con base en las emociones. Las relaciones afectivas suelen ser lo más importante para ellas, por lo que tienden a ser muy empáticas y a preocuparse por las necesidades de otros, antes de ocuparse de las propias. A través de este centro se conectan con los demás, con la naturaleza y consigo mismos. Buscan sentirse amadas y valoradas, por lo que se adaptan fácilmente. Es frecuente que su bondad, su éxito y su originalidad impresionen a quienes los rodean.

C EL CENTRO DEL CUERPO O LA INTUICIÓN

Las personas centradas en el cuerpo, en la intuición, actúan y reaccionan desde su instinto. El cuerpo, como hemos visto, tiene gran sabiduría y sensibilidad; y posee su propio lenguaje. Ahí está su poder y su fuerza. Ellas "saben/sienten" la mejor manera de hacer algo. Intuyen y van a la acción de inmediato. Este centro se localiza en el estómago, debajo del ombligo, y desde allí envían su energía y captan el mundo, no sólo por su ubicación espacial, sino por su actitud. Saben cuando una persona es o no sincera, o auténtica. Tienen una gran capacidad para develar las máscaras sociales.

La aportación de cada uno de estos tres centros es básica para ser una persona más completa, consciente y equilibrada.

¡Ah!, pero ojo, nuestros centros tienen mecanismos de defensa inteligentes —que veremos más adelante— por lo que conviene conocerlos para hacerles frente y mantenerlos bajo control. De no hacerlo, pueden llegar a dominar nuestra vida.

Para empezar el libro con una buena decisión, te invito a ser una persona llena de vida, a imitar a Orfeo, personaje mítico de quien te comparto su leyenda.

EL MITO DE ORFEO

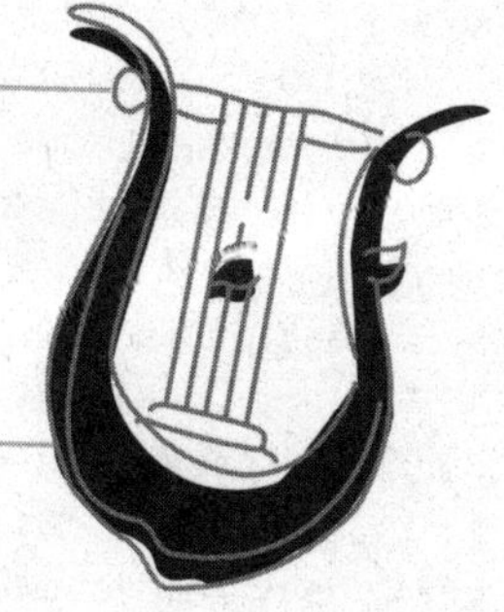

Orfeo es un personaje con gran atractivo físico. Se le considera el primer músico y autor literario que recuerda la historia. En el santuario de Delfos, asistido por los sacerdotes de Apolo, Orfeo componía su música con una lira, bello instrumento al que se atribuían grandes y numerosos milagros.

La leyenda cuenta que cuando Orfeo entonaba sus hermosos cantos, los ríos detenían su curso y los peces asomaban la cabeza para oírlo. Y por los senderos donde solía pasear, los árboles torcían sus troncos e hipnotizados se inclinaban a escucharlo.

Orfeo era un gran generador del bien. Su intenso atractivo no sólo lo constituía su música, sino algo más. Parecía como si de su mente emanara una especie de aroma mental tan armonioso que encantaba a todo y a todos a su paso. ¿En qué consistía este aroma mental? En algo muy sencillo y muy difícil a la vez: de su mente sólo surgían pensamientos bondadosos y de aceptación hacia todos los que lo rodeaban.

¿Qué tienen de especial?

Voltea a tu alrededor y analiza la vida de las personas que han logrado algo y que admiras. ¿Qué las caracteriza? Por fuera se ven igual que el resto, pero el secreto está en que su energía es diferente. Saben que su mente es su fortaleza, su poder, la materia prima que compone todo su ser y, al fin y al cabo, su vida. Declaran como un hecho lo que quieren que suceda. Y claro, es así que todas las posibilidades se abren.

Son personas que honran la vida, caminan por ella confiadas y abiertas al éxito. Es difícil escucharlas quejumbrosas o pesimistas acerca de un sueño que quieran lograr. Jamás escucharás de ellas frases del tipo: "Es que con mi mala suerte..." "¿Y si me va mal...?" Sólo piensan y hablan sobre qué harán, cómo lo lograrán y las razones por las que les irá bien; como si confiaran en una fuerza invisible que los proveyera de todo lo necesario. Simplemente, se rehúsan a escuchar a los fatalistas o timoratos, a quienes les suele ir de acuerdo con sus temores y nefastas predicciones.

Las personas que imitan a Orfeo están llenas de vida, alineadas con el cosmos, saben qué quieren, a dónde van y cómo lograrlo. Una vez que sienten la determinación en el cuerpo, se concentran en lo que sí quieren que suceda en su vida.

Observa cómo el entusiasmo siempre acompaña sus proyectos; saben ser pacientes. Mi padre decía que la paciencia era la socia que a veces olvidamos invitar a la fiesta de un nuevo reto o proyecto.

Ser como Orfeo es encontrar la manera en que sí se pueden hacer las cosas. Y, en esa frecuencia, los diversos recursos llegan por "casualidad" que, como vimos, en realidad responden a la ley universal de causa y efecto. Es como meter un pedido al almacén del cerebro, que después es surtido por el Universo.

Puedes distinguir a los que están realmente vivos porque saben apreciar y agradecer todo, desde el más mínimo detalle, hasta esa gran fuerza cósmica —que bien puede llamarse Dios— que los acompaña. Suelen ser personas muy generosas y desprendidas que hacen que el dinero circule. Crean fuentes de trabajo, apoyan causas sociales, son espléndidas sin importar si cuentan o no con lo suficiente. Así abren la puerta a la abundancia y, en consecuencia, les va bien.

Y, por último, deciden estar y sentirse de lo mejor, procuran el bienestar y confían en la bondad. Es por esto que nos gusta estar cerca de ellas. Nos inspiran, nos motivan a ser mejores personas, no con palabras, sino con su energía y ejemplo. Simplemente, nos iluminan. ¡Sé una de ellas!

El secreto de la vida

En el siglo XIX, el estadounidense William W. Walter retomó la leyenda de Orfeo como metáfora y fundó una corriente de pensamiento que se orientó hacia el bien pensar y el bien decir de los demás, como el gran secreto, no sólo de las relaciones humanas sino de la vida misma.

Pensar bien sería la causa y sentirnos bien, el efecto. Formar el hábito de pensar bien es una de las mejores decisiones que puedes tomar para elevar tu calidad de vida. Fácil, no es. En el mundo de hoy, dichos como: "Piensa mal y acertarás", han sido tatuados en nuestra mente. Los pensamientos, por lo general, viajan con mayor facilidad hacia la interpretación negativa de las cosas o hacia las apariencias.

Sólo que, si pienso en lo mal que está todo, en las enfermedades, en la inseguridad y en aquello de lo que carezco, con eso me toparé en la vida.

El pensamiento siempre es causa

Te puede parecer exagerado afirmar lo que en seguida leerás, y aunque es un ejemplo, es aplicable a todo. Te invito a que, antes de descartar la idea, reflexiones un poco y recuerdes tus experiencias.

Al saludar a una persona, puedes sentir, o intuir, lo que el otro piensa o ha expresado de ti. Lo mismo le sucede al otro. ¿Cierto? Por más que tú, o la persona a la que saludas, intenten ocultar sus pensamientos, alguno de los tres centros de inteligencia lo registra, es decir, hay una sensación negativa o positiva a nivel energético. Si se trata de la primera, por lo general se reprime de inmediato. Las máscaras que la sociedad exige comienzan a desempeñar el mejor de sus papeles. Las palabras maquillan sensaciones, pero la percepción, de alguna manera, queda.

Si se trata de la segunda, la positiva, las sensaciones van y vienen en ambos cuerpos. El beneficio no sólo es para ambos, en términos de bienestar, salud y gozo de vida, también se expande como ondas en un lago e impregna todo lo que se hace y a quienes los rodean.

Ésta es otra razón por la cual veremos a lo largo del libro la siguiente premisa: cuida tus pensamientos. De la misma manera, observa ¿cómo te sientes cuando criticas, cuando juzgas o cuando te quejas? Te percatarás de que no avanzas, no creces y no te sientes bien. La energía negativa que tu pensamiento lanza, regresa como búmeran a tu cuerpo.

Lo irónico es que precisamente aquello que pienso o digo del otro es lo que llevo a mi espiritu. Esto provoca que mi mal pensar atraiga más de todo lo que me disgusta, rechazo o critico. Es decir, entre más genero crítica, más crítica recibo.

Así que el secreto radica en cambiar tu manera de pensar. ¿Requiere disciplina? Sí. ¿Saber monitorear tus pensamientos e ignorar esa voz, con frecuencia perversa, del propio ego, a quien le encanta comparar, competir, malinterpretar y sentirse superior? También. Sin embargo, te invito a comprobar que vale la pena incorporar a nuestras vidas aquello de "piensa bien y acertarás".

Pensar bien es imitar a Orfeo. Pensar bien te hará ser una de esas personas que emanan ese aroma mental tan agradable, los ríos detendrán su curso, los peces saldrán a escucharte y los árboles inclinarán sus ramas para saludarte.

Tus pensamientos son la causa y lo que experimentas, el efecto...

PUNTOS A RECORDAR

1. Antes de tomar una decisión monitorea tus tres semáforos.
2. Cuida tus pensamientos. Estos son la causa y los resultados, el efecto.
3. Declara como un hecho lo que quieres que suceda.
4. Escucha y confía en "la ranita"; ella no se equivoca.
5. Las palabras maquillan sensaciones, pero la percepción siempre queda.
6. Los obstáculos son inevitables; comprueban de qué madera estás hecho.
7. No busques quedar bien con nadie, sólo debes estar bien con tu conciencia.
8. "Piensa bien y acertarás."
9. Sigue tu pasión.
10. Sólo di "sí" cuando se sienta bien en todo el cuerpo.

YO
decido decidir

2

La única razón por la que soy "feliz", es por que he decidido serlo.

Elle Ferreira

¿Quién decide, tú o las circunstancias?

Es increíble la comunicación inmediata que puedes tener a través de las redes sociales. Ahí, en especial en Twitter, he hecho amigos, he conocido gente muy interesante, me he informado y he aprendido muchas cosas.

Decidí plantear la pregunta que encabeza este apartado a la comunidad de seguidores en Twitter y me asombró la pronta respuesta. Tomé como muestra los primeros cien resultados. Sesenta por ciento afirmó ser quien decide sobre su vida; mientras cuarenta por ciento respondió que las circunstancias decidían. ¿Tú qué opinas?

Comparto contigo la siguiente parábola que, como suele pasar, nos ayuda a ver nuestra propia realidad.

Había una vez un viejo sabio conocido por tener siempre todas las respuestas. Un día, un par de jóvenes quiso ponerle una trampa. Salieron a cazar un pájaro y decidieron llevárselo al sabio para preguntarle: "¿Este pájaro que traemos está vivo o muerto?" Si su respuesta era que estaba vivo, lo matarían para mostrarle que se había equivocado; si decía que estaba muerto, lo soltarían para que volara. Así que le preguntaron al anciano. El viejo sabio los miró a los ojos directamente y les dijo: "La realidad está en sus manos."

SOBREVIVIR SE MANIFIESTA DE LA SIGUIENTE MANERA:

No hay gozo en tu vida
No hay descanso
No hay avance
No te sientes tú
No hay paz
No hay intimidad
No fluyes
No hay creatividad
No hay tiempo
No hay alivio

La habilidad de escoger es lo único que nos separa y diferencia de los animales. Con un poco de conciencia discernimos sobre lo que deseamos o lo que no queremos. Si tu vida se rige por un "tengo que", en lugar de un "yo decido", temo decirte que no vives, sólo sobrevives.

El primer paso para ejercer esta libertad es descubrir que tienes opciones y que siempre las hay. No necesitas vivir prisionero de nada ni de nadie. Con frecuencia, encontramos pretextos para justificar nuestro bloqueo: no tengo dinero, no tengo tiempo, a mi edad, no sé hacer nada, todo es mala suerte, así me tocó, ya estaba de Dios, no es mi problema, etcétera.

Vivir es elegir

Venimos a este mundo a elegir. Sin importar de qué tema se trate, a cada minuto, mediante lo que escoges, perfilas tu salud, tu trabajo, tus relaciones, tu calidad de vida, tu futuro.

Lo primero que eliges —consciente o no— es si eres tú la persona que va al volante de tu vida, o bien, si eres el pasajero que se deja llevar a donde otros quieran y decidan.

Mientras tú elijas, eres libre de escoger lo siguiente:

Soy libre de elegir cómo reaccionar ante la adversidad. Puedo sentir lástima por mí, permitir que cualquier viento me doble y compadecerme, o bien, encontrar mi fuerza interna para salir adelante.
Soy libre de elegir mis metas. Puedo soñar, estudiar, trabajar, para conseguir lo que deseo, o puedo ser flojo, acomodaticio y esperar a que otros o la vida, decidan por mí.
Soy libre de escoger el tipo de persona que soy. Decidir poner mi atención en todo lo bueno o lo malo que hay en mi vida, el humor con el que amanezco, qué tan amable o cariñoso soy con los demás, qué tanto me comprometo a sacar lo mejor de mí, o si prefiero seguir en mi zona de confort.
Soy libre de escoger mis valores. Puedo permitir que los medios de comunicación me influyan y adoptar las creencias de otros, por pertenecer, por agradar, por el qué dirán, o ser firme en mis principios.
Soy libre de escoger cómo tratar a los demás. Los puedo hacer sentir importantes, poca cosa o motivarlos. Puedo ser egoísta y desconsiderado, o ayudar, ser bondadoso y generoso.
Soy libre de elegir con quién me relaciono y con quién no, así como libre de escoger qué aprender. Podemos ver las lecciones de la vida como algo desagradable o como una gran oportunidad de aprender y ser mejores personas. Puedo ser alguien rígido y cerrado, o abierto y útil para los demás.

> **Soy libre de elegir mi crecimiento interior.** Puedo ignorar el llamado a un crecimiento espiritual o puedo aceptar que éste es otro aspecto importante en mi vida.
> **Soy libre de elegir ser congruente.** Puedo pasar como un globo de gas a la deriva, o bien, buscar hasta encontrar el sentido de mi vida y, entonces, vivir de acuerdo con él.
> **Soy libre de elegir mis pensamientos.** De darme cuenta de que puedo dominar lo que pienso y no dejar que pensamientos negativos aniden en mi mente.

Como verás, querido lector, la intención en este libro es tocarte el hombro y decirte al oído: "Date cuenta". Date cuenta de que tienes un gran poder: el poder de elegir, de elegir tu vida. ¡Ejércelo!

En cada pequeña o gran decisión, lo cotidiano se va tejiendo a nuestro paso y termina por crear el tipo de red que nos sostendrá en la vida.

Te invito a pensar ¿por qué decides lo que decides? ¿Qué te motiva a actuar de determinada forma? Al final del día, lo que eliges suele basarse en resguardar tu seguridad, tu sobrevivencia, quizá tu estatus, tu poder, tu sentido de pertenencia, tu popularidad o tu felicidad. Recuerda, es tu vida, ¡vívela! Son tus principios ¡vívelos! Que nadie decida por ti.

Elegir es renunciar

La historia que a continuación te comparto me parece una de las decisiones más fuertes que una mujer puede tomar. Sin embargo, al hacerlo, y a pesar de todo, María Luisa Flores González optó por ejercer su derecho a elegir y renunciar. Le agradezco que nos haya compartido su historia:

> ...Dentro de un contexto familiar de violencia, mi historia está marcada por el abuso sexual en la infancia. Así que asumí la decisión de no tener hijos.

A los 34 años ninguna pastilla ni remedio casero lograban reducir los malestares en mis periodos menstruales. Eran tan intensos que me hacían doblar, palidecer, sudar y llorar.

Acudí al médico, me realizó un ultrasonido y encontró tres miomas en mi matriz. Con su mirada fija, su voz pausada y firme, sabiendo que no tengo hijos y que yo misma me impuse un celibato, me sugirió tener un hijo, pues la histerectomía es lo único que me podía salvar de no morir por una fuerte hemorragia. Mi decisión fue absoluta: "No quiero tener hijos." ¿Cómo para qué? En primer lugar, el dolor emocional envolvía todo mi ser fuertemente, como un alambre de púas que me contenía, me lastimaba.

No me sentía capaz de dar vida, de ser madre. Mi fracaso como tía y protectora me llevó a un calabozo oscuro, donde sólo existía la palabra *suicidio* escrita con letras grandes y rojas como la sangre.

Ante esta negativa de ser madre me llovieron las críticas, se me satanizó, estigmatizó, juzgó y condenó de manera mordaz, cruel, inhumana, insensible... pero así lo decidí.

Finalmente, me operé y mi óvulo no fecundado dejó de llorar mes con mes a mis cuarenta años.

Buena o mala —a nadie le toca juzgar—, la decisión es de cada individuo, es su derecho, su poder y su libertad.

Esto y lo otro

Es claro que siempre queremos esto y lo otro, sin renunciar a nada. Y la renuncia no es fácil. Como en este caso, es dolorosa y trascendente. Al tomar cualquier tipo de decisión, renuncias a miles de opciones. Es por eso que nos cuesta trabajo. De manera consciente o inconsciente, al optar por algo, todos sentimos la responsabilidad que conlleva, sin contar con el factor incertidumbre que, sabemos, también juega.

Suelen aparecer todo tipo de fantasmas: fracaso, pérdida, sensación de dejar de pertenecer, miedo al cambio, sentir que tu poder se reduce, en fin. Además del terror que nos da equivocarnos o meter la pata. Sin embargo, si de algo te puedes arrepentir en un futuro, es de no haber tenido el valor de dar el paso. Las oportunidades hay que tomarlas y el miedo a lo desconocido es siempre nuestro peor enemigo. Te encarcela. Te limita. No dejes que te lleve la corriente de la vida, esa corriente en la que permites que otros te jalen, te arrastren y decidan por ti. Contacta esas fibras internas y renuncia a esa inercia de hacer lo que siempre has hecho, a reaccionar pasivamente ante los retos que la vida te manda, crea la vida que quieres. Puedes, tú todo lo puedes.

¿Y tú, qué esperas?

"¿De qué está hecho este hombre?" Su nombre es Héctor Ponce de León. Su coraje, decisión y resistencia lo han llevado a escalar más de 300 cumbres en Pakistán, los Alpes, México, Argentina, Bolivia y Perú.

Es el primer mexicano en alcanzar tres veces la cumbre del Everest. Es el primer mexicano en ascender por la cara norte —la más difícil. Es el primero en realizar ascensos con causa, es decir, subir a grupos de invidentes o mujeres sobrevivientes de cáncer de mama. Ha realizado veintidós expediciones al Himalaya. Ha sido camarógrafo de altura para Discovery Chanel, CBC y National Geographic.

Héctor ha logrado ascender, el mismo día, en tan sólo seis horas, los tres volcanes más importantes y altos de México, cuando normalmente lograrlo lleva dos días, por lo que es considerado el más veloz. Hace unos meses realizó algo que nadie había intentado —por considerarlo imposible—: partir del mar de Veracruz para llegar a la cima del Pico de Orizaba (5100 metros de altura) sin detenerse, en tan sólo 15 horas con 22 minutos.

Además de todo lo anterior, lo que me llama la atención de él, es esa determinación para hacer las cosas con los cuarenta y dos años de vida que tiene. No se sienta en la sala de espera de la vida, no mata el tiempo en espera de que "algo" llegue (mejores tiempos, la luz verde, su turno, el momento adecuado, el cero riesgo o una garantía). Al contrario, lo decide y lo lleva a cabo, punto.

El síndrome de la sala de espera

¿Cuánta gente vive con este síndrome? De acuerdo, hay ocasiones en que esperar el momento adecuado es muy sano; sin embargo, con frecuencia es también un escudo para cubrir el temor, la falta de compromiso, de seguridad en nosotros mismos o, simplemente, significa evadir la responsabilidad ante una decisión.

¿Conoces a algún joven que pasados los treinta años, con novia formal, siga en casa de sus papás? Personas así esperan a que la vida les mande las señales adecuadas para realmente comprometerse. ¿Te suena familiar alguien que está solo, en espera de que llegue el amor, en lugar de ser amoroso? ¿Identificas a una persona que espera tener tiempo para vivir y divertirse hasta que se reciba, se case, se retire o acabe de pagar la casa? ¿Cuántos conflictos se perpetúan en espera de que sea el otro el que tome la iniciativa?

Estos son algunos ejemplos del síndrome de la sala de espera. Quienes lo padecen no se dan cuenta de que al dar el paso y atreverse a vivir pueden descubrir una canasta llena de regalos y cosas bellas que, irónicamente, también está en espera del "sí" de estas personas, de su compromiso para buscar la felicidad, el éxito y el amor.

Los síntomas del síndrome de la sala de espera son: sentirse estancado, con apatía y ausencia de energía, como si se estuviera muerto en vida. ¡Y claro!, la vida se detiene porque ellos se detienen.

El remedio a este síndrome es lo que Héctor nos enseña: la voluntad, las agallas y el arrojo.

Cuando te das el "sí" con firmeza, el universo ayuda a que las cosas se acomoden. Carl Jung, psicoanalista suizo, llamó a esto "sincronicidad". Date permiso: cuando te abres, la vida se abre, cuando estás listo, la vida está lista. Es así que los regalos de la canasta se ofrecen. ¿Qué esperas?

¿A partir de qué momento decido yo?

Esta sería la siguiente pregunta. Decía Michel Foucault, filósofo francés de los años sesenta, que debemos ser arqueólogos del saber. Él afirmaba que las ideas son como las antiguas ciudades, por ello hay que excavar las capas de sus diferentes épocas, hasta encontrar el origen.

Con esto en mente decidí seguir los rastros arqueológicos del tema y acudí a la mitología griega del siglo V a. de C. Respecto a la pregunta: "¿Quién decide en mi vida?", hay dos visiones: la de Esquilo, desarrollada en la tragedia de Prometeo y la de Sófocles en la de Antígona. Ambas historias son muy reveladoras. Permíteme que te las platique de manera muy breve.

En su historia sobre Prometeo, Esquilo (525-456 a. de C.) plantea que todas las capacidades del hombre son dadas por los dioses. El hombre es sólo un ser pasivo que acepta lo que una adivinadora le dicta; acepta que su destino está marcado y no lucha por ser nada más o mejor: "Estoy destinado y predeterminado; soy lo que los dioses han querido y no hay forma de cambiarlo." Y el ser humano que no logra algo se lo debe a dioses que no le dieron la gracia. El mayor regalo que los dioses le dan es no saber el momento de su muerte. Por su parte, Sófocles (495-406 a. de C.) escribe la tragedia de Antígona. En ella propone algo muy importante: son los hombres quienes crean su vida, sus capacidades y potencialidades; no han tomado nada de los dioses y ningún dios les dio nada.

La historia cuenta que Antígona, por la necesidad de enterrar a su hermano muerto y defender su honor, elige lo que no podía elegir: su muerte. Ella sabía que enterrarlo y desafiar los designios de la ley, le causaría la muerte. Aun así, opta por lo que se consideraba lo peor en su época: no descansar en el reino de los muertos. Con valor rompe con su destino y así surge un ser con voluntad propia y dignidad.

De esta manera se inicia un pensamiento nuevo en la sociedad griega y en la humanidad, el cual marca la diferencia en la manera de ver la vida y el mundo —que hasta hoy prevalece, al menos en la mayoría—: yo decido y soy responsable de lo que decido. ¿Tú qué opinas?

Tus decisiones de ayer = lo que eres hoy

Si observas con honestidad, te podrás dar cuenta de que lo que hoy eres es el resultado de las decisiones que tomaste en el pasado. ¿Decidiste dejar tu ciudad para estudiar en otra? ¿Casarte? ¿Separarte? ¿Correr un maratón? ¿Vencer el miedo y enfrentar un problema? ¿Dejar de culparte? ¿Comer mejor o comer menos carne? ¿Dejar de fumar? ¿Independizarte?

Como hemos visto, cada decisión tomada, por mínima que sea, es vital. Cuenta y perfila tu vida, tu salud, tu felicidad, tus relaciones, tu trabajo, y lo que dure tu estancia en este planeta. Y la responsabilidad de todo lo anterior también es tuya.

El cuerpo que tienes hoy lo decidiste ayer. La relación en tu matrimonio hoy es consecuencia de tus decisiones de ayer, antier, anteayer y demás. Tenemos exactamente lo que nos merecemos, tanto lo bueno como lo malo.

Saberlo o aceptarlo puede no ser muy agradable. Nuestros mecanismos de defensa son expertos en redireccionar la culpa, la responsabilidad hacia otros. Estos mecanismos entran en acción cada vez que sentimos esa incomodidad en el cuerpo, esa ansiedad, esa conciencia que nos quita la paz. Nuestro privilegio es que las decisiones nos acompañan, y siempre, siempre podemos volver a elegir. Ese es el regalo de la vida y nuestro derecho.

¿Responsable yo?

Ya escucho las voces de reclamo de algunos que arguyen que no fueron responsables de lo que les sucedió en el pasado. Quizá tuvieron una infancia infeliz con todas las historias de terror que ya conocemos, o bien, una vida llena de sufrimiento.

A pesar de esto, de la frecuencia con la que el dolor nos haya visitado, de las pruebas que la vida nos haya mandado, de las circunstancias que nos tocaron vivir, tú y yo aún tenemos el poder de decidir. ¿Qué hago con mi historia? ¿Qué hago con mi dolor? ¿Qué hago con las huellas emocionales que tengo? Te preguntarás.

La respuesta está en observar un árbol. Cuando éste pierde sus hojas, jamás verás que agache sus ramas para recogerlas. Lo que pasó, pasó. Se fue, y el árbol da espacio para que nazcan hojas frescas y tiernas. A diferencia de los árboles, nuestro privilegio es que tú decides hasta cuándo te aferras o sueltas dichas hojas.

A mayor conciencia, mayor bienestar

Cuando le preguntas a la gente, sin importar la edad, el sexo o la condición social, ¿qué es lo que más desea? La gran mayoría, responde: ser feliz. Ésa es la razón por la que hacemos todo lo que hacemos. Sólo que hay dos tipos de felicidad: la grande y la pequeña.

La pequeña es la que nos deslumbra, es la que la publicidad nos tatúa, la que la sociedad refuerza, pues propone aceptarnos e incluirnos en determinado espacio. Se compone de todas las posesiones materiales que nos prometen estatus, confort, clase, prestigio y valía personal.

Además, lo irónico es que la carretera de la felicidad pequeña es de alta velocidad; nos hace sentir vivos, ocupados e importantes. Nos vuelve adictos a la adrenalina, al mismo tiempo que el ego nos habla al oído y nos dice: "¡Qué bien vas! Pero todavía te falta, necesitas alcanzar más", pues nunca se siente satisfecho.

No esperes a que la crisis llegue

La otra opción es la carretera de baja velocidad, que en verdad nos proporciona la felicidad anhelada, la grande. Sólo que, ¡ojo!, este camino por lo general se hace visible gracias a alguna crisis.

Sí, porque necios como somos los seres humanos, los cambios más importantes de nuestra vida solemos hacerlos como resultado de una sacudida, de una llamada de atención. Es decir, despertamos cuando la vida nos da un jalón de tapete. Uno duda de pertenecer a la especie más evolucionada en la Tierra al darse cuenta de que sólo a partir de una enfermedad, apreciamos la salud; sólo a partir de la falta de empleo o de un escollo económico, apreciamos el valor de tener un trabajo; sólo a partir de un rompimiento de pareja, apreciamos lo que es vivir en armonía; y sólo a partir de la muerte de un ser querido, apreciamos la vida. ¿Antes? ¡Para nada!, lo damos por hecho. ¿Nos lo merecemos, no? Bah... Y con frecuencia no es por soberbia, sino por nuestra ignorancia, por vivir dormidos.

¿Cuántos casos conocemos de personas —si no es que nosotros mismos— que hasta sufrir un infarto, diabetes o tuvieron algún problema con un hijo, comenzaron a hacer cambios en su estilo de vida o en su escala de valores?

Es entonces que nos percatamos de que las decisiones y las acciones que nos llevan a recuperar el equilibrio, la salud, la familia y la paz interna son las que en verdad valen la pena.

A continuación comparto contigo el fragmento de un discurso de Steve Jobs que puedes encontrar en YouTube, sus palabras nos ayudan a reflexionar sobre el tema:

En los últimos treinta años me he visto en el espejo por las mañanas y me he preguntado: "Si hoy fuera el último día de mi vida, qué haría, ¿lo mismo que haré hoy?" Cuando la respuesta es "no" durante muchos días seguidos, sé que algo tengo que cambiar.

Pensar en que todos estaremos muertos muy pronto, es la herramienta más útil que he encontrado para ayudarme a tomar las grandes decisiones en la vida, pues casi todo, todas las expectativas externas, todo el orgullo, todo ese miedo al ridículo o a fracasar, todas estas cosas, simplemente se van ante la cara de la muerte. Te dejan sólo lo que en realidad es importante.

Saber que vas a morir es la mejor forma que sé de evadir la trampa de pensar que tienes algo que perder. Ya estás desnudo, no hay razón para no seguir a tu corazón.

Si viéramos nuestra vida como la foto final de la caja del rompecabezas, comprenderíamos que fuimos moldeando cada pieza, decisión por decisión. Por ello es vital que te preguntes, ¿cómo quiero que sea la foto final de mi vida? ¿Con quién me veo, en dónde estoy, cuál es mi estado de salud, qué tan feliz estoy, en dónde vivo, qué estudios tengo, quién es mi pareja en la vida, en qué trabajo, cuál es mi peso, a quién he ayudado? En fin...

Mi intención es hacerte consciente de por qué hacemos lo que hacemos.

¿Cuánto me va a costar esta decisión?

Con frecuencia, preferimos "ignorar" el precio de nuestras decisiones, reprimimos sus consecuencias o no las queremos ver, aunque el cuerpo siempre las expresa o las reciente. Puede ser que en el momento no nos convenga aceptar lo que conllevan, que estemos deslumbrados e ilusionados. Otras veces, no prevemos lo que sucederá y los efectos nos sorprenden.

Como vimos, para bien o para mal, cada decisión tiene un costo. En el trabajo quizá se presenten decisiones que afecten tu vida profesional; hay decisiones personales que pueden incidir ya sea en tu estilo de vida, en un tercero, o bien, en tu familia. Existen decisiones de tipo racional, emocional, ético, económico o moral, otras relacionadas con la salud o incluso con la diversión. ¿Qué camino tomar?

> Yo tomé una decisión que definitivamente cambió mi vida —me cuenta Karen a través de Twitter—, estudiaba en la Universidad de Pachuca, tenía mi círculo de amigos y una vida muy cómoda. Como me apasiona la política, supe de una oportunidad para desarrollarme en esa área. Así que dejé todo, mi ciudad, mi escuela, mi comodidad, mi profesión, mis amistades, etcétera. Llegué a estudiar a la Ciudad de México y me volví independiente. Me casé y me he desarrollado en todos los sentidos. Cuando llego a ver a mis amigos o compañeros de la escuela de Pachuca, me dicen que fui valiente, que me admiran por todo lo que he hecho y que ellos jamás hubieran tomado la decisión que yo tomé.
>
> A veces pienso que si no hubiera tomado esa decisión, mi vida sería muy diferente; no sé si para bien o para mal. Incluso he llegado a preguntarme ¿qué tal si fuera mejor? Sin embargo, no me arrepiento.

La vida nos enseña que el camino fácil no siempre es el adecuado y que se requiere valor al decidir.

Lo importante es detenerte un momento antes de tomar la decisión y aquilatar las consecuencias. Aunque no por mucho tiempo, pues puedes caer en lo que se conoce como "parálisis por análisis". Es un hecho que nunca vamos a tener todos los datos o la información para decidir. Las posibilidades son tan amplias como el universo mismo. El reto está en encontrar ese punto entre informarte lo suficiente, confiar y tener el valor de lanzarte. Sobre todo, confiar en ti, porque cuando das el paso, el puente aparece, siempre aparece.

Otro de los costos es que pierdes el placer de vivir el momento presente. Dejas pedazos de ti mismo, tristemente, algunos de ellos irrecuperables como la salud, las relaciones familiares, la libertad, el tiempo para la reflexión, el descanso y demás.

Para terminar con el cuadro, cuando consigues lo anhelado, el gozo es muy pasajero. Quizá te sientas en tu sillón, volteas satisfecho a ver lo que lograste y te dices: "Ya la hice." Sólo que esa sensación desaparece al poco tiempo. De inmediato nos acostumbramos al éxito, a la novedad —coche, casa, relación, puesto— y demás.

Así que lejos de sentirte pleno, la frustración vuelve a hacerse presente. Es entonces que descubres que en el pico de tu meta no hay nada; todo eran ilusiones o falsas promesas. El vacío y la sensación de que "algo" falta en nuestra vida vuelve a aflorar, y por lo general lo hace a las tres de la mañana, cuando el ego está dormido.

La búsqueda se asemeja a estar atrapado en un pantano. Sólo que es ahí, precisamente ahí, en ese sentirte atrapado, donde reside la oportunidad de despertar y escoger una mejor forma de vida.

Así que ante el reto de tomar cualquier decisión, procura aislarte y permanecer en silencio un rato. Cierra los ojos, respira y pregúntate, ¿si digo "sí" o si digo "no" a esto, cómo se siente en mi cuerpo? ¿Qué siento? Y escucha, observa, siente, siéntete. Ahí está la respuesta a todo. No lo dudes. Sólo hace falta despertar, vivir, realmente estar vivos.

La bondad crea generosidad

Tere vive hace cuatro años gracias a las hemodiálisis que se realiza cada tercer día. Ninguno de sus hijos —con riñones compatibles— quiso donarle un riñon.

—Señora, habrá que meterla en la lista de espera —le dijo el doctor—. Sólo que le tengo que ser sincero: en el caso de lograr la donación de un cadáver, el comité que toma la decisión suele dar preferencia a personas más jóvenes que usted, que tiene 65 años.

Fue al escuchar lo anterior que María, quien acompañaba a Tere a la cita, decidió ofrecerse.

—Sí es compatible su riñón con el de su amiga Tere —le dijo el doctor a María después de varios meses de pruebas de todo tipo. ¡Ufff! ¿Buena o mala noticia? En lo personal no sabría cómo tomarlo. Donar un riñón no es poca cosa. Tener esa generosidad con un familiar cercano es admirable, pero tenerla con una amiga lo es más. Honestamente ignoro si yo tendría la generosidad que tuvo mi querida amiga María, de 72 años de edad.

—Perfecto, doctor, ¿cuándo sería la operación? —Le contestó María.

—La programaremos para finales de este mes, sólo se requieren varios procedimientos de tipo psicológico, tanatológico, legal y demás, para asegurarnos de varios detalles.

Lo que me encanta de esta historia es comprobar que la bondad crea generosidad. Cuando María platicó con Jorge, quien hace unos años recibió en donación un riñón, se enteró de que hay dos maneras de hacer la incisión: la primera y más económica, pero más dolorosa, es por la espalda; y la segunda es por enfrente, por medio de microcirugía y un aparato especial desechable.

—Te hablo para decirte que quiero regalarte el aparato para que te puedan hacer la operación con microcirugía, por enfrente —le anunció Jorge en una llamada a María.

—Se me salieron las lágrimas —me comentó ella emocionada. Además, para corresponder su generosidad, Tere le donará sus córneas al hijo mayor de María, quien padece de una enfermedad en los ojos, debido a la cual es materialmente ciego cuando no usa lentes.

No cabe duda de que si bien cada decisión tiene un costo, la bondad crea generosidad.

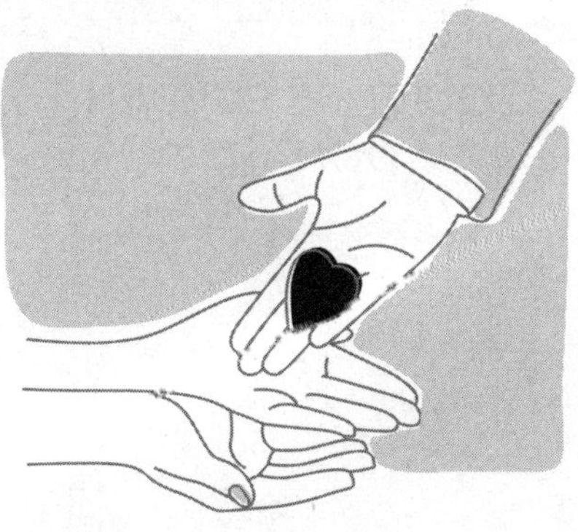

Donar un órgano es donar algo de ti mismo, es una oportunidad de trascender, de dar un gran sentido y nuevo valor a todos los órganos que se irán contigo al más allá en caso de no donarlos. Si bien decides no hacerlo en vida, puedes donarlos cuando te hayas ido de este planeta. ¿Te imaginas ser el candidato a receptor que espera en una lista? Cuando alguien dona lo que a ti te hace falta, significa nada más y nada menos ¡que puedes vivir! No hay mayor regalo. Sin embargo, muchas veces dudamos sobre ser donadores. Considero que lo que nos falta es información. Te platico.

¿Qué puedes donar?

En vida podemos donar riñón y médula ósea, un segmento de pulmón, hígado, páncreas y de intestino, y hacerlo sin afectar nuestra calidad de vida y con riesgos mínimos.

Cuando se muere por paro cardiaco podemos donar huesos, piel, córneas, tendones, válvulas cardiacas, cartílagos y vasos sanguíneos arteriales y venosos. Además de éstos, cuando hay muerte cerebral podemos donar corazón, pulmón, hígado, riñones e intestino.

¿QUIÉNES PUEDEN DONAR?

EN VIDA:
Personas entre 18 y 60 años
o más, en caso de que haya
un parentesco sanguíneo o civil
con el donatario.

DESPUÉS DE LA VIDA:
Personas entre 2 meses y 90 años de
edad. En este caso, la rapidez con la
que se haga es vital.

Si te interesa donar parte de ti, puedes inscribirte al Centro Nacional de Trasplantes o en la Cruz Roja, para obtener una tarjeta de "donador voluntario". Todos podemos dejar por escrito nuestra voluntad de donar todo lo que se pueda y comunicárselo a nuestros seres queridos. En la siguiente página obtienes informes:

www.cenatra.salud.gob.mx

Una mala decisión

¿Alguna vez te has arrepentido de haber tomado una mala decisión? Con el tiempo descubres que cuando esto sucede, tarde o temprano, el cuerpo lo manifiesta y se enferma inexorablemente. Lo he vivido, lo sé.

Acepté el trabajo en la televisión con un programa semanal, además de escribir para unos periódicos y tres revistas, tener una cápsula diaria en la radio, presidir una fundación, dar conferencias por todo el país, atender a mi esposo, hijos y nietos, ¡y escribir un libro!; por supuesto con tanto quehacer, me vi rebasada. Mi instinto me gritaba que era demasiado, sin embargo, lo ignoré y me dejé llevar por la voz del ego que me decía: "Acepta la oferta, la televisión es lo único que te falta en tu carrera. ¡Serás muy popular y famosa!" Sí, cómo no...

Claro, en cuanto empecé con el programa, iniciaron una serie de achaques, los que duraron el año y medio del programa. Hasta que la muerte de mi padre me llevó a tomar conciencia para darme cuenta de que necesitaba mayor congruencia y control sobre mi vida.

Ésta ha sido una de las peores decisiones que he tomado. Sin embargo, y a pesar de todo, me siento tranquila, me lancé, lo hice y aprendí. Ya no me queda la duda del "hubiera".

Es por eso que las consecuencias de las crisis, el dolor y el sufrimiento, son para abrirnos y hacernos mejores personas.

Si aquello que eliges te deja con una sensación de vacío —a veces apenas perceptible—, significa que has cedido tu poder a las promesas de la felicidad pequeña, a una ilusión, a una promesa basada en lo exterior.

El tema a reflexionar es: ¿Por qué esperar a que una crisis llegue a nuestra vida para mirar hacia atrás y observar con asombro las tonterías que antes ocupaban y preocupaban nuestra mente? ¿Qué cambios tengo que hacer en lo familiar, en mi estilo de vida o en mi trabajo?

Está en ti, en mí, escoger otro camino. El camino de la conciencia que incluye apreciar lo que sí tenemos, en disfrutar el momento presente, en darnos tiempo para la familia y los amigos, y disfrutar de la libertad que la buena salud nos proporciona. Quedemos en lo dicho: a mayor conciencia, mayor bienestar.

La oportunidad se va...

"Pablo, pareces viejito, ¡mira nada más! Eres un aburrido... ¿Qué estás haciendo de tu vida? Ya ni sales con los cuates... ¡Te partes el lomo en balde!"

Un día, en una fiesta, después de escuchar la cantaleta unas doscientas veces, Pablo, tranquilo, contestó: "Mira, Raúl, ya nos veremos en diez años."

Recuerdo esta anécdota ocurrida cuando Pablo y yo éramos novios; él estudiaba y trabajaba al mismo tiempo con un horario matador. Mientras que Raúl, un amigo muy inteligente, muy popular y muy reventado, lo molestaba y se burlaba constantemente de él.

El tiempo ha pasado y se ha encargado de poner las cosas en su lugar. Sin duda, el camino que recorremos es producto de las decisiones que tomamos. Raúl escogió el camino de la gratificación inmediata, sin saber que, cuando escogemos una conducta, también elegimos las consecuencias. La vida constantemente nos exige tomar decisiones. Y cuando eres joven, puedes pensar que las oportunidades siempre estarán ahí y serán eternas. Hasta que miras atrás y te percatas de que la oportunidad se fue. Quizá no la valoraste, no tomaste el camino adecuado o te rehusaste a pagar el precio.

Ahora, ¿por qué escogemos lo que escogemos? ¿Qué nos mueve a decidir un camino u otro? Además de los tres centros de inteligencia que vimos en el capítulo anterior, hay otros elementos con enorme influencia en nuestra toma de decisiones, ¿cuále son?

Los tres instintos

Seguramente te ha tocado viajar con un grupo de amigos o en familia, y has podido comprobar que la convivencia pone a prueba el cariño y la aceptación que existe. No sólo por la educación, la paciencia y la prudencia requeridas, sino porque todos tenemos un "cableado" biológico que influye constantemente en nuestra vida y que puede ser diferente al de otras personas. Por tal motivo, esto puede dar pie a que la cercanía se convierta en una fuente de tensión o conflicto.

Este cableado está formado por los instintos, tres fuerzas o inteligencias que operan de manera inconsciente en nosotros las veinticuatro horas, los siete días de la semana. Al identificarlos se convierten en una gran herramienta de autoconocimiento, convivencia y comprensión.

¿Qué son los instintos?

De acuerdo con el Eneagrama y los estudios de Rizzo y Hudson, estos impulsos son tan rápidos y primarios que casi no nos damos cuenta de ellos. Definen nuestros gustos, forma de ser, actuar, vivir y convivir, y explican por qué somos diferentes a quienes nos rodean.

Todos tenemos los tres tipos de instintos: el de conservación, el social y el sexual. Siempre habrá uno que predomina, otro que apoya al dominante y un tercero olvidado o descuidado.

Haré una breve descripción sobre el carácter general de las personas con cada instinto:

CONSERVACIÓN. Quienes tienen más desarrollado este instinto sienten el impulso de buscar la supervivencia, el bienestar y satisfacer las necesidades básicas de la vida.

Si tu instinto predominante es de conservación, tu foco de atención estará en tu ser, tu cuerpo y tu mundo. La seguridad, protección, comida, casa, confort y recursos materiales son muy importantes para ti. Incluso, puedes llegar a comprar provisiones para un mes y pensar: "Tengo que estar preparado para cualquier imprevisto." Tu deseo básico es crear un nido, una plataforma que te haga sentir seguro. "¿Hay suficiente comida en el refrigerador? ¿Tengo un seguro de vida para alguna emergencia? ¿Cómo está mi salud? ¿El lugar es cómodo? ¿La temperatura es agradable?" Esto es que gran parte de mi atención está en otros, en si tienen hambre, frío, calor o si están cansados.

SOCIAL. Las personas que tienen más desarrollado este instinto sienten el impulso de buscar a otros, en grupos y en comunidades, de manera similar a los animales que tienden a agruparse en manadas, donde se sienten seguros y protegidos.

Si tu instinto dominante es el social, tu foco de atención está en tu círculo de amigos, en el grupo, en el mundo, en lo que pasa afuera y en las redes sociales. Tu deseo principal es ver por otros, pertenecer a una causa social o a ciertos grupos. Necesitas a las personas, obtener reconocimiento, popularidad, honor, amigos, relaciones, estatus, posición social y aceptación.

Tu atención está, por ejemplo, en saber quiénes van a determinada reunión, ¿qué hacen? ¿Qué necesito para pertenecer a determinado grupo? Te interesa construir una identidad, unas credenciales y cómo te perciben los demás. Te importa mucho el prestigio y dar una buena impresión.

SEXUAL. Este término se refiere a algo más allá del acto físico con el que asociamos la palabra; se le conoce también como "uno a uno". Si éste es tu principal instinto, tienes el impulso de buscar intimidad, fusión, unión y conexión profunda con otra persona. Su fin último es la conservación de la especie.

Tu foco de atención estará en el ser amado, en tus amigos íntimos, en sentirte especial para el otro, en lograr afinidad, en la intensidad, en percibirte unido a esa fuerza que prende, estimula y te hace sentir vivo. Te motivan las emociones, una pintura, un paisaje, una canción o un poema, te hacen vibrar.

Tu enfoque está en descubrir la forma de intimar, en lo que necesita tu relación y lo que para ti significa tu pareja. Te preguntas qué tan conectado estás con tu amiga o amigo íntimo o qué tan confortable y a gusto te sientes en determinada relación.

Querido lector, ¿reconociste cuál es tu instinto predominante y cuál el de apoyo? ¿Te reconociste en alguna descripción? Hacerlo te ayudará a cultivar el instinto que quizá tienes abandonado y moderar e impulsar los otros para mejorar tus relaciones y bienestar.

Las siete decisiones básicas

Como hemos visto, las decisiones perfilan tu vida. Y en este andar, enfrentamos siete decisiones críticas que resolvemos de acuerdo con una jerarquía de necesidades. Y por lo general, sólo hasta que tienes satisfecha una etapa, te sientes motivado para satisfacer la siguiente. Aquí las enlisto en orden jerárquico.

SUBSISTENCIA. Antes que otra necesidad, eliges lo relacionado con la protección de tu vida y el sustento, tanto tuyo como el de tus seres queridos, por ejemplo: un techo, un trabajo, el lugar donde puedas vivir o, si las cosas no son muy favorables, al menos "sobrevivir".

SEGURIDAD. La siguiente etapa es conseguir la seguridad emocional que, casi siempre, proviene de sentirte querido, de obtener la aprobación externa, de sentir que perteneces a algo, una pareja, una organización o un grupo.

Esta búsqueda de seguridad influye mucho en lo que escoges. En casos extremos, hasta puedes ignorar tus pensamientos o sentimientos para sustituirlos por los de alguien que te brinde esa anhelada seguridad emocional.

AMOR. Los estudios muestran que si de 0 a 7 años no recibes amor, tu supervivencia se ve amenazada. Y si conforme creces no lo consigues, dedicarás la vida a buscarlo.

Todos, de alguna manera, necesitamos ser vistos y tocados emocionalmente. La necesidad de amor es tan fuerte que puede dominar nuestros pensamientos, motivaciones y decisiones.

AUTOESTIMA. A veces pensamos que la autoestima viene con lo que acumulas o logras, como una importante cuenta bancaria, un determinado coche, una casa, la talla de ropa o un puesto en la empresa. Este tipo de búsqueda es tan adictivo como una droga. Mientras no construyas desde adentro la autoestima y la bases en aceptarte a ti mismo como eres, es muy probable que las decisiones que tomes no sean las más acertadas.

AUTOEXPRESIÓN. Una vez satisfecho lo anterior, comienzas a tomar decisiones basándonte en la necesidad de expresar tus dones personales y tu creatividad.

Quieres dejar huella en el mundo, deseas enseñar, pintar, escribir, crear. A veces, esto es tan poderoso que puedes llegar a renunciar al trabajo, a vivir en una ciudad, incluso a los amigos, con tal de lograrlo.

SATISFACCIÓN INTELECTUAL. En esta etapa las decisiones se basan en la búsqueda de respuestas, de conocimiento y de sabiduría profunda. Te interesa estudiar nuevas materias, ideas, conceptos. En este punto, tratas de responder las preguntas esenciales de la vida.

SATISFACCIÓN ESPIRITUAL. Lo que nos guía hasta aquí es algo que va más allá del interés personal; es la trascendencia. Tomas decisiones que reflejan tu convicción de formar parte de algo superior a ti, una conciencia, una inteligencia, un cosmos. Podrás percatarte de que tanto el ego y lo material son tan pasajeros como una burbuja de jabón.

La libertad de elegir lo adecuado en su momento es un derecho y un privilegio; una ventana de oportunidad que la vida de vez en cuando te presenta. Sólo te invito a recordar siempre una cosa: que seas tú quien decida y nadie más.

Es cierto, no todo lo decidimos nosotros...

La siguiente historia que me tocó vivir de cerca me sirvió para descubrir que, por más actitud o disposición que tenga, hay cosas que parecen ser gobernadas por un poder superior.

"Si hubieran pasado ahí la noche, se mueren", me comentó el capitán. Él y dos marineros de su tripulación no podían creer lo que veían en el mar.

El océano agitado no los había dejado dormir. Esa mañana a Jaime y a sus compañeros, buzos experimentados, les pareció extraño el viento y el oleaje. Se encontraban en los mares de Belice, después de haber hecho dos inmersiones profundas.

"No se mortifiquen, la tormenta se dirige hacia el norte y no nos alcanzará", les dijo Ron, el capitán, a los tripulantes. La víspera había contactado al Centro de Huracanes en Miami. Se trataba de Ernesto.

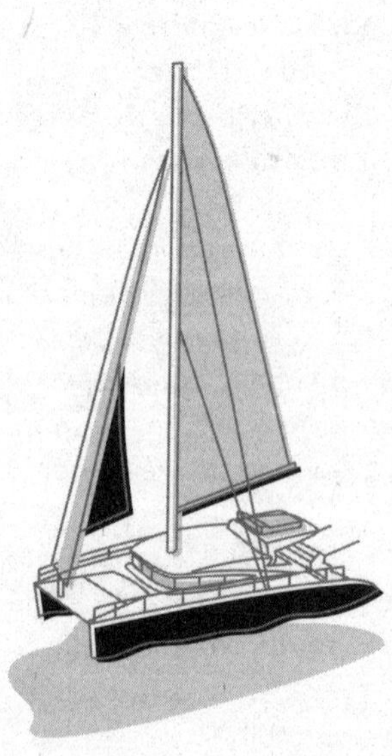

Como todo huracán, Ernesto, impredecible, desvió el rumbo y aumentó la velocidad. La amenaza se hizo mayor. No había un puerto de abrigo cercano. Llovía furiosamente, la visibilidad era nula, el oleaje crecía y la seguridad del barco era un vago recuerdo. El capitán, fiel a sus principios, decidió no abandonar la nave en una de las islas. Su tripulación lo secundó.

Atrapados en altamar, un helicóptero recogió a los pasajeros en cuanto pudo llegar, mientras el capitán Ron y sus dos tripulantes, Chucho y Tacho, se enfrentaban heroicamente a la disyuntiva de seguir hacia Guatemala o regresar, todo en el momento era complicado. ¿Qué hacer?

La decisión implicaba jugarse la vida. "Esa zona está llena de bajos, por lo que es mejor volver por la misma ruta", sostuvo el capitán. Optar por regresar salvó dos vidas.

A las 12:41 de la tarde, los marineros se encontraban en el puente de mando y les pareció ver, a través de una espesa cortina gris de neblina, la figura de una persona parada en medio del mar. "Debemos estar soñando, no puede ser", pensaron. "¡Capitán, capitán!, venga rápido."

Mientras Ernesto arremetía furioso contra ellos, distinguieron un catamarán volcado. A pesar del peligro que representaba hacer las maniobras necesarias para acercarse, lo hicieron. Al aproximarse descubrieron que una mujer se encontraba parada sobre una de las quillas. Después, vieron a un hombre —también sin salvavidas— que sumergido dentro del mar se agarraba a una de las puntas.

La pareja agotada subió al barco, sin ropa y con los pies muy lastimados: "Nos salvaron la vida." En su embarcación no traían radio, ni luz, ni salvavidas, ni GPS.

Me emocionó enterarme de esta historia, porque el tema de este libro se relaciona con las decisiones, pues como lo hemos comentado, estoy convencida de que ellas perfilan nuestra vida. Sin embargo, a pesar de la fuerza de esta convicción, escuchar esta anécdota me hizo cambiar de perspectiva. No hay verdad absoluta.

No todo lo decidimos nosotros. Hay una fuerza más grande —a la que en lo personal llamo Dios— que nos impulsa hacia el bien. Sólo que, por lo general, el milagro no es tan evidente como en éste o en muchos otros casos. Sólo es cuestión de poner atención.

Pienso en los momentos clave y trascendentales, en esa red de coincidencias, de casualidades, de encuentros inesperados que se tejen para darle rumbo a nuestra vida. En la red hay "accidentes azarosos" que nos transforman y enriquecen. Cotidianamente, sin maravillarnos lo suficiente, decimos: "Y por casualidad me encontré a fulano", "y por casualidad escuché esto", "casualmente lo conocí", "por accidente leí esto"... Todo para olvidarnos al poco tiempo de estas milagrosas "coincidencias". Lo que está en nuestras manos es la libertad de decidir qué actitud tomar ante estas coincidencias de la vida.

PUNTOS A RECORDAR

1. A mayor conciencia, mayor bienestar.
2. Cada decisión conlleva un costo.
3. Cuando no tomas una decisión, la vida termina eligiendo por ti.
4. Cuando das el paso, el puente siempre aparece. Date cuenta: siempre hay opciones.
5. Lo que eres y tienes hoy, es el resultado de tus decisiones de ayer. De lo único que te puedes arrepentir en el futuro es de no haber dado el paso.
6. Esperar es también con frecuencia un escudo para cubrir el temor. Eres responsable de tus decisiones.
7. Imita al árbol: cuando tira sus hojas, jamás se agacha a recogerlas.
8. Es cierto, no todo lo decidimos nosotros.
9. Cultiva todos tus instintos, esto mejorará tus relaciones y bienestar.
10. Vive bajo un: "Yo decido", no un: "Tengo que."

YO
decido mi actitud

3

No pienso
en toda la miseria,
sino en toda la belleza
que permanece.

Ana Frank

Todo es cuestión de perspectiva

Mateo, de cuatro años, tomado del tubo dorado del caballito, se limpia un par de veces las manos en el pantalón antes de que el carrusel comience a funcionar. Está nervioso. Desde que vio el gran aparato lleno de luces, música, espejos y colores, se ilusionó mucho. Sin embargo, ahora, arriba del caballo y en espera de que el juego arranque, el panorama se ve distinto.

De pie, a su lado, le hago sentir que lo sostengo por la cintura. Mateo, al inicio, no sonríe ni se suelta del tubo para saludar a sus papás y al abuelo que esperan afuera. A los pocos minutos saluda con las dos manos y una gran sonrisa.

Al detenerse el juego mecánico lo veo que está fascinado: "Me gustaría llevarme el carrusel a mi casa... pero no cabe", me dijo. Me hizo prometerle que otro día regresaríamos para subirnos nuevamente.

"Ay Mateo, a mí me gustaría llevarme el mar a mi casa, pero tampoco cabe; me gustaría llevarme un atardecer a mi casa, o el campo completo cuando está verde, ¡pero no caben!" "Ajá", me dijo tomado de mi mano mientras brincaba de regreso al coche.

En cuestión de quince minutos, su perspectiva sobre el carrusel cambió varias veces: de ilusión, a temor, a gozo y ahora a añoranza. Así es la vida... no hay acontecimientos, sólo percepciones. Para una persona miedosa, sólo habrá peligros en la vida. Para una persona optimista, sólo posibilidades. Quien tiene ojos de amor, buscará ver la belleza y la verdad en las cosas. Todo es percepción. Tu infancia es percepción. Las vacaciones fueron percepción. El ayer es percepción. La esperanza es percepción. El amor es percepción. Y ésta entra por los sentidos.

El privilegio de ver es resultado de tener seis músculos delicados pero muy poderosos en los ojos que pueden realizar más de cien mil movimientos al día. Iris, retina y nervios ópticos se organizan para enviar la información al cerebro a una velocidad asombrosa. Esto nos da, de acuerdo con los expertos, la percepción de las cosas; sin embargo, bien visto, esa información no es del todo física, es mental.

La primera ley de percepción dicta que ves lo que quieres ver. Te platico. En 1961, el antropólogo Colin Turnbull, se dedicó a estudiar a los pigmeos. Tomó a uno de ellos y lo sacó del bosque cerrado donde suelen vivir y lo llevó ante una gran planicie abierta en donde se podía ver una manada de búfalos a distancia. Nunca antes había visto cosa igual. Su vista no había sido expuesta a la profundidad de campo, por lo que no podía creer que fueran búfalos. "Deben ser hormigas", insistía el pigmeo.

Su percepción veía lo que estaba condicionado a ver. Lo mismo nos sucede todos los días. Tus ojos ven los objetos, pero tu mente es la que decide en qué enfocarse. Sólo hasta que te compras un coche rojo, notas la existencia de otros. Bueno, de hecho, no ves el mundo como es, lo que ves son tus pensamientos. Es por eso que percepción es proyección.

Esa es la diferencia entre una persona amargada y otra optimista. Es por eso que nunca se ponen de acuerdo sobre la visión de la vida. Uno no ve esperanza en nada, mientras el otro sólo eso ve. Y lo curioso es que de esta manera escogen su forma de vivir.

Siempre hay otra forma de ver las cosas. Partamos de que nuestros ojos parpadean alrededor de veinticinco veces por minuto, así que tenemos veinticinco oportunidades para ver las cosas de diferente modo. Así como un niño, que ante la misma experiencia cambia varias veces por completo su percepción; en nosotros está elegir y vivir la vida que queremos.

No hay acontecimientos, sólo percepciones...

Si camináramos por las calles de cualquier ciudad del mundo y al azar le dijéramos a algún transeúnte: "Siento mucho el problema por el que pasas", con asombro y curiosidad nos respondería: "¿Cómo lo sabes?"

Las personas solemos vivir con la sensación de traer una lápida sobre la espalda como la del Pípila de Guanajuato, a veces más, a veces menos. Quizá tenemos problemas de trabajo, presiones económicas o conflictos sentimentales que, sumados a las crisis personales, provocan que secretemos hormonas del estrés que impactan nuestra salud.

Por si fuera poco, en busca de consuelo nos refugiamos en conductas autodestructivas como el abuso de la comida, el alcohol o cualquier tipo de sustancia o conducta —de momento placentera— que generan adicción. Por supuesto, las consecuencias de esta clase de comportamiento nos dejan atrapados en un pantano.

¿Hay salida? Sí, todo es cuestión de perspectiva; es necesario tomar un poco de distancia para ver la realidad.

Respecto a esto, recuerdo el impacto que me causó ver en el domo del Papalote Museo del Niño una película que comienza con la toma de una pareja acostada sobre el pasto que mira al cielo. Poco a poco, la cámara se aleja y nos involucra como observadores. Así, vemos la casa, la zona en que se encuentra, el estado, el país y el planeta.

El *zoom out* continúa y entonces apreciamos a la Tierra iluminada por millones de lucecitas, lo que inevitablemente nos da una sensación de pequeñez. Mientras el alejamiento prosigue, vemos a la Tierra dentro de un gran sistema solar, que a su vez da vueltas en una galaxia, que a su vez forma parte de otras miles y millones de galaxias del vasto universo, que en su enormidad nos hace sentir en un abismo. La sensación de insignificancia queda claramente establecida.

"No somos nada", es la frase que irremediablemente nos viene a la cabeza al término del documental, lo que produce una doble sensación: de alivio y de ansiedad.

Por un lado alivio, porque bajo esa perspectiva tus "problemas" se vuelven hasta ridículos; lo que produce un sentimiento maravilloso de libertad. "¿En realidad son problemas? ¿Por esas tonterías me angustio tanto? ¿Vale la pena lo que cuestan, en términos de mi salud?"

Por otro lado, la ansiedad llega al darnos cuenta de lo efímera que es nuestra existencia. ¿Sabías que el tiempo que vivimos en este planeta, comparado con la vida de la Tierra, equivale a sólo dos segundos? ¡Y no los valoramos! Creemos que viviremos para siempre, con el tiempo suficiente para realizar los sueños o —algún día— perdonar. Nos angustiamos con pensamientos de ayer y de mañana y no vivimos el presente, que es la única manera de extender el tiempo.

Es por eso que tener tu propia cámara imaginaria —con una gran perspectiva— que se aleje, te da la posibilidad de ser un observador, que sin juzgar ni criticar, pueda susurrar: "Piensa antes de hablar", "perdona", "dile que la quieres", "estás exagerando", "disfruta este momento", "no cruces la línea del respeto", "dale tu tiempo, escúchalo", y demás.

El reto es mantener al observador presente, escucharlo todo el tiempo para relajar la mandíbula, los hombros y respirar profundo al dimensionar las cosas: "¿Qué es lo que sí está bien?" "¿Cuánto amor hay en mi vida?", y saborear el instante, los momentos dichosos, sin importar cuán pequeños sean.

Por ejemplo, en un día común y corriente, puede ser cualquier cosa la que nos proporcione gozo y felicidad: la mañana soleada, el sentirte sano y descansado, el haber sacado adelante algo de trabajo o una taza de buen café.

En última instancia, ¿qué valor tiene distinguir la vasta gama de colores al abrir los ojos por la mañana? Desde esta perspectiva, ábrete a percibir las cosas de manera diferente. Piensa en algún "problema" que tengas en este momento y ponlo en otra dimensión, velo como una oportunidad y no como un inconveniente. En ocasiones, un problema grande se supera con un pequeño cambio de perspectiva.

Si tengo todo, ¿por qué me siento así?

En algún momento todos hemos sentido ese desasosiego y malestar difuso que surge de no sentirse bien con uno mismo o por haber perdido el rumbo. Son ocasiones en las que quizá reflexionamos: "Si tengo salud, trabajo, amigos y mi familia está bien, ¿por qué me siento incómodo conmigo mismo?"

Victor Frankl llamó a este sentimiento "vacío existencial" y lo definió como la enfermedad del siglo. Se manifiesta con diversas caretas y disfraces como el aburrimiento, la ansiedad, la diversión compulsiva, la agresividad y la depresión.

Ese vacío puede sentirse a pesar del éxito en el trabajo o en lo social, porque ni lo uno ni lo otro son lo que nos da sentido. El sentido se encuentra en otros valores que, de acuerdo con Frankl, son tres: amor, trabajo y dolor, que veremos más adelante. Pero antes...

No creas todo lo que piensas

¿Cuántas veces los pensamientos negativos secuestran tu mente durante el día? Pueden ser frases constantes como: "No sirvo para esto", "mi esposo —o esposa— ya no me quiere", "me choca cómo me veo", "nunca podré pagar mis deudas", "qué tonto soy", etcétera.

Si eres como la mayoría, estoy segura de que tienes pensamientos similares con frecuencia. Nuestra mente es como una estación de radio que emite mensajes las veinticuatro horas del día. De acuerdo con los científicos, el número de pensamientos que generamos es de alrededor de sesenta mil, es decir, un pensamiento por segundo durante el tiempo en el que estamos despiertos. Y se calcula que ochenta por ciento son negativos.

Quiere decir que en un día normal, por nuestra mente, pasan más de cuarenta y cinco mil pensamientos negativos.

A lo anterior, el doctor Daniel Amen, un reconocido especialista en imágenes de cerebro, le llama: ANTS (Automatic Negative Thoughts). Comparto contigo la siguiente leyenda que nos habla de esto.

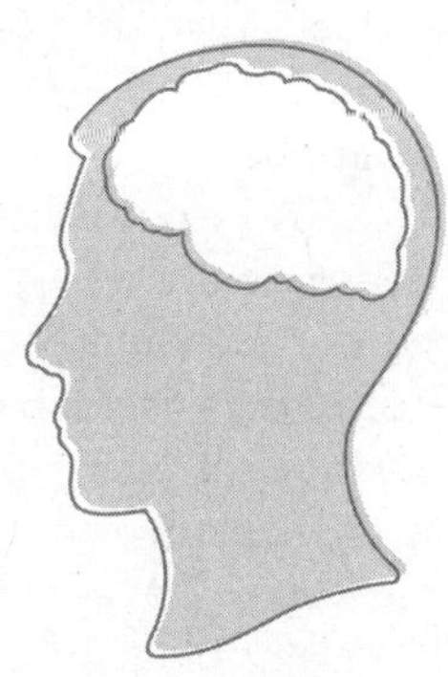

Un rey muy poderoso, ataviado con finos ropajes y joyas, realizó una larga travesía en busca de un viejo sabio para que le ayudara a descubrir la verdad. A su encuentro, el rey le preguntó: "¿A qué necesito renunciar para encontrar la verdadera paz y felicidad?"

El sabio respondió: "No necesita renunciar ni a su poder ni a sus riquezas, majestad. La pobreza no es el camino hacia la felicidad. Pero hay algo a lo que sí tendrá que renunciar y quizá le sea más difícil; me refiero a su forma de pensar."

¿Renunciar a la forma de pensar?, vaya tarea. Éste es un consejo que todos podríamos aplicar.

De hecho, si nos percatamos, no son los acontecimientos los que nos hacen sufrir, sino la historia que creamos en la mente acerca de esos acontecimientos. Además, si observamos, 95 por ciento de dichos pensamientos son los mismos que tuvimos ayer, antier y anteayer.

Lo anterior, por supuesto, tiene un efecto psicológico profundo que afecta varios aspectos de nuestra vida. Por ejemplo, se ha demostrado que tener pensamientos negativos como juzgar, preocuparse y resentir, estimula las áreas del cerebro involucradas con la depresión y la ansiedad. En cambio, los pensamientos positivos tales como confiar, apreciar, amar y pensar tranquilamente, tienen un efecto calmante y benéfico para el cerebro.

Ten la certeza de que en el mundo no hay "algo" que piense mal de ti. Los árboles, las ardillas, las flores, ni los pájaros han dicho una palabra mala de ti o una frase del tipo: "Tienes que hacer algo más con tu vida." Nunca. Ni las estrellas, ni la luna te han criticado. Tampoco la vida marina, que representa ochenta por ciento del planeta —con sus delfines o ballenas—, te han juzgado. Nada en la naturaleza piensa que estás mal. Recuerda que sólo es una idea que se genera en tu mente, que quizá te identifiques con ella y te la creas.

Mejor pregúntale al amor: "¿Qué ves en mi?", te asombrarás de las respuestas, así que observa cuánto te ama la vida.

Ojo: las experiencias negativas son pegajosas

Lo anterior es importante porque las investigaciones comienzan a encontrar por qué las experiencias negativas son tan pegajosas en la memoria. Por alguna extraña razón, para sobrevivir, los seres humanos ponemos una atención selectiva en lo negativo; esto es así desde la era de las cavernas. "Nuestro cerebro es como velcro para la negatividad: todo se le adhiere; y como teflón para la positividad: todo se le resbala", explica el doctor Rick Hanson, investigador del cerebro y psicólogo.

¿Por qué sucede?

Esta receptividad para lo negativo se explica porque la amígdala, algo tan pequeño como una almendra y que forma parte del sistema de alarma del cerebro, se encarga de disparar la respuesta de atacar o huir ante cualquier eventualidad. Gracias a esto, el cuerpo secreta adrenalina y provoca que las experiencias se graben con todo detalle, por lo que permanecen en la memoria mucho más tiempo que las cosas agradables.

Es curioso ver el tamaño de la glándula en las personas por las cosas de las que se enojan. A veces basta una pequeñez para que su día se ponga gris y logre que el de todos a su alrededor se nuble también. Aunado a lo anterior, hay personas que tienen amígdalas muy sensibles y, por tanto, sobrerreaccionan a todo. Es decir, son de mecha corta y suelen enojarse fácilmente. Asimismo, se preocupan de todo y en su mente imaginan los peores escenarios. Y esto, de acuerdo con los científicos, es el mayor obstáculo para ser feliz, ya que se inhibe la producción de ondas alfa, las cuales nos hacen sentir en armonía con el mundo.

Lo bueno es que para disminuir el porcentaje negativo hay una salida. El secreto está en aceptar una verdad: no siempre tus pensamientos son ciertos. Al apuntar los pensamientos negativos con una linterna, podrás darte cuenta de que es posible que en realidad no tengan fundamento y, por tanto, tendrás la opción de no creerles, así les quitarás el poder de afectar negativamente tu vida.

Por otro lado, se ha demostrado lo maravillosa que es la neuroplasticidad del cerebro. Al cambiar de manera consciente nuestra forma de pensar hacia lo positivo, la bondad y la felicidad, los caminos neuronales de la negatividad se encogen, los positivos se ensanchan y así vemos la vida a través de otra lente.

RECUERDA

1. Tus pensamientos no son reales. Son una interpretación de la realidad y tú la controlas.
2. Todos los pensamientos son pasajeros. Tú decides cuáles aterrizan y anidan en tu mente.
3. Tú escoges los pensamientos, nadie más lo hará por ti.
4. Los pensamientos no tienen más poder que el que tú les das.
5. Ya lo dijo el viejo sabio: "Renuncia a tu forma de pensar, sólo si es negativa."

Los tres valores: amor, trabajo y dolor

Comparto contigo tres historias reales que inspiran y reflejan estos tres valores, que el doctor y fundador de la logoterapia, Victor Frankl, decía que son útiles para transmitir un sentido a nuestra vida. Historias de personas que a pesar de tener todo en contra y vivir bajo las peores circunstancias, decidieron ser felices.

PRIMER VALOR: AMOR

Mientras nos deleitábamos con las pinturas de Picasso que se exponían en el museo, llamó mi atención la presencia de un perro guía labrador. Lo seguí con la mirada y descubrí un cuadro de la vida real que me hizo detenerme con asombro y admiración: una mujer ciega apoyada en su bastón blanco y tomada de la mano de su amoroso marido recorría la exposición.

La pareja se detenía en cada cuadro y él le explicaba al oído lo que todos a simple vista veíamos; mientras el perro y un hijo adolescente esperaban tranquilamente, con paciencia infinita. La escena era verdaderamente conmovedora. Simplemente era un reflejo del más puro amor.

No sabía quién me emocionaba más si ella por su actitud, el esposo por su generosidad, el perro por su nobleza e inteligencia o el hijo, quien sólo por la edad podría ser impaciente e intolerante. Además, ¿cómo explicas una pintura de Picasso? ¿Cómo describes los diferentes tonos y colores?, ¿las formas?, ¿el cubismo? Al mismo tiempo, me hizo reflexionar sobre lo poco que he apreciado el gran regalo de la vista.

Cuando mi esposo y yo salimos de la Tate Gallery, fuimos a tomar un café en un pub cercano. Al poco rato entró aquella familia con su perro para seguir dándonos lecciones de vida. Fue entonces que nos cuestionamos con qué facilidad nos quejamos de las cosas. Con qué facilidad nos fijamos en lo que nos falta. Con qué facilidad olvidamos las bendiciones de las que gozamos. ¿Qué precio tiene el sentido de la vista? Eso fue lo único en lo que pudimos pensar en ese momento. ¡Cuán necesarios son este tipo de maestros para hacernos recordar y valorar lo felices que somos!

Lo cierto es que la vida es diez por ciento lo que nos pasa y noventa por ciento cómo reaccionamos frente a lo que nos pasa. Si bien esta familia es ejemplar para todos nosotros, lo es en especial para las personas que se jubilan de la vida a temprana edad, para las que se quejan de todo, para las que se sienten interesantes al presentarse como víctimas, para las que se ahogan en un vaso de agua, para las que dejan de vivir el presente por estar en el pasado, o en el futuro, y cuya atención sólo se concentra en aquello de lo que carecen o les falta.

En el momento en que una persona hace de cualquier minucia un problema, se define como víctima y su percepción de la vida se inunda de miedo, duda, ansiedad y culpa. En cambio, si decide ver un acontecimiento difícil como una "oportunidad", se sentirá bien consigo misma, encontrará fácilmente nuevas opciones o una salida y se abrirá a los regalos y a la inspiración.

Ésta, como tantas otras historias que presenciamos o llegan a nuestros oídos, nos enseña que el amor hace posible darle un giro a los desafiantes retos de la vida; nos muestra que un problema se puede convertir en oportunidad cuando el ser humano hace uso de su grandeza.

SEGUNDO VALOR: TRABAJO

Como todas las mañanas, la gente se reúne afuera del edificio para escuchar música de Beethoven, Schumann, Brahms, Chopin y Bach, interpretada magistralmente. Estas melodías maravillosas salen de la ventana del departamento 6 en una calle de la ciudad de Londres.

Alice Sommer-Herz, de 108 años de edad, originaria de Praga, y a quien Kafka contaba cuentos de niña, es la sobreviviente más anciana del Holocausto. Increíble ver cómo ella experimenta más felicidad en un día promedio, que mucha gente en toda su vida.

Ella sobrevivió a la Segunda Guerra Mundial gracias a su trabajo: la música. Los altos mandos de la milicia alemana eran grandes conocedores y amantes de la música y supieron reconocer el talento de esta gran mujer.

Hoy en día es una mujer que a su avanzada edad, vive sola y sin ayuda de nadie. Con una sonrisa de niña traviesa y una agilidad en los dedos que no parecen de una persona de su edad, toca el piano religiosamente una hora por las mañanas y otra por las tardes.

Los periodistas de todo el mundo buscan entrevistarla, no sólo por su longevidad, ni por haber publicado *El jardín del edén en el infierno,* traducido a siete idiomas, sino por su visión de la vida y su optimismo.

En las varias entrevistas que pude ver de ella en Youtube, pronuncia frases que parecieran conceptos muy simples, pero que, en realidad, tienen una profundidad que sólo puede derivar de la sabiduría adquirida por los años.

"Soy una judía sin religión, mi religión es la música", comenta al reportero de la BBC. "La música es Dios. En tiempos difíciles, cuando estás sufriendo, lo sabes, lo sientes." Su manera de ver la vida y su testimonio me inspiraron a relatar su experiencia.

"¿A qué se debe que haya vivido tantos años?", le preguntó el reportero. "Conozco el mal, pero decido ver el bien", respondió ella. ¡Vaya respuesta! Me dejó pensando... Qué cierto es aquello de que el mundo en apariencia tan físico y material, de hecho, es mental.

Alice ve el mundo que quiere y ha querido ver. Y agrega: "En realidad, el optimismo es el secreto; admirar, agradecer que vivimos. Darte cuenta de que a donde voltees hay belleza. Además, cuando no te quejas y ves el lado bonito de la vida, ¡todos te quieren!" Vaya lección.

Ella tenía una hermana gemela que murió de cuarenta años. Al respecto comenta: "Mi hermana siempre tendía a la catástrofe, a ver la vida de manera negativa. Eso hacía que atrajera la desgracia."

La música ha sido su vida: "Imagina, ¿cómo sería nuestra vida sin Beethoven, por ejemplo? ¿O sin la belleza? Beethoven es un milagro", comenta. "Su música no sólo es melodía, es lo que hay dentro. Escucha cómo está llena y es intensa. Es fenomenal. La gente que no se relaciona con la belleza es pobre."

Sobre el campo de concentración reflexiona: "Algunas veces, de modo extraño, agradezco haber estado en Theresienstadt; fue un regalo. Soy más rica que otras personas. Mi reacción a la vida es más brillante que la de los demás. Cuando escucho que la gente dice que algo es terrible u oigo que se queja, le digo: 'No, no es tan terrible.' Dormir con mi hijo de seis años en el suelo helado, sin poder darle de comer era duro", comenta. "Pero yo siempre reía. Eso le daba seguridad a mi hijo [...] Es por ello que aprendí a ser agradecida. El odio se come el alma del que odia, no del odiado. Así que agradezco haber sobrevivido, agradezco todo, ver el Sol, escuchar una palabra bonita de alguien. ¡Todo es un regalo!"

El periodista continúa: "¿Qué les dice a los jóvenes?" "Que busquen la satisfacción de haber hecho algo bien. La peor cosa en la vida es el aburrimiento. Que tengan algo que los inspire. Que sean felices por lo que han hecho. Que busquen estar con gente, que rían. Que sepan que la vida es bella, lo son los árboles, las flores, un bebé cuando se ríe. Pero sólo cuando estamos viejos, somos conscientes de la belleza de la vida", responde llena de luz.

Ser feliz a pesar de todo, sí es posible. No depende más que de mí y de mi decisión de serlo.

Pregúntate: "¿Para qué trabajo? ¿Seguiría haciendo lo que hago sin ninguna remuneración?" Lo económico no puede ser la única finalidad que nos mueva a trabajar. La clave para encontrar un sentido en lo que haces es que sientas que, al hacerlo, el tiempo se detiene y tu espíritu se eleva, se realiza. Con cualquier profesión se puede encontrar ese sentido. Cuando haces lo que quieres y todavía te sientes insatisfecho, como que te falta "algo", queda claro que en un nivel interno te hace falta encontrar algo más profundo: el amor por lo que haces. Recuerda que vida sólo hay una....

TERCER VALOR: DOLOR

La siguiente historia que te comparto en verdad fue para mí y para mi esposo Pablo un gran ejemplo de actitud.

Diez minutos bastaron para recibir esa gran lección de lo que es vivir la vida con pasión, entrega y entusiasmo, a pesar de las circunstancias.

El coche se detuvo frente a nosotros al salir de cenar de un pequeño restaurante en la antigua ciudad de Florencia. Los globos multicolores y los dibujos de niños sobre toda la carrocería del auto blanco me hicieron pensar que se trataba del festejo de cumpleaños de un niño. Pero la hora no cuadraba.

Al volante se encontraba una señora joven, rubia, guapa, que llevaba un sombrero muy teatral, adornado con cintas y flores, una capa en los hombros y las manos enguantadas en satín rosa. En ese momento ella recibió el pago de sus pasajeros, quienes le agradecieron efusivamente al descender. "En verdad recomiendo este taxi", exclamó la pareja que bajó del automóvil.

Sorprendida le pregunté si estaba libre. Con una hermosa sonrisa nos contestó: "Claro, señores, por favor suban", mientras las burbujas de jabón salían por la ventana. ¡Qué experiencia! Entrar a la pequeña camioneta llamada "Milano 25" fue como entrar en un jardín, en un sueño, y no exagero. Todos los detalles estaban cuidados a la perfección. Lo primero que llamó mi atención fue el aroma fresco y delicado, como el de loción de bebé.

Con la decoración, el taxi parecía más bien la recámara de un niño muy querido. Los interiores forrados en plástico naranja, verde y amarillo eran el entorno perfecto para una treintena de muñecos y flores de tela que tapizaban el techo, el tablero, las viseras y puertas. Al sentarnos, escuchamos sonidos tipo "oinc", "muuu", "pío, pío"; mi marido y yo nos volteamos a ver con cara de "¿Es broma?, ¿qué es esto?, ¿qué onda con esta señora?" Habíamos aplastado animales de plástico escondidos intencionalmente en el asiento para provocar nuestras sonrisas y ¡sonreímos! Por las bocinas se escuchaban los cantos de un coro de niños, el mismo que se podía ver en las dos pequeñas pantallas del taxi. Sobre el tablero había un letrero en rosa que decía: "Una sonrisa logra que las cosas sucedan." ¡Era verdaderamente increíble!

Mas ahí no acabaron las sorpresas. Colgando de los respaldos delanteros había varias fotos amplificadas y enmicadas de ella con una nariz roja y varios niños con cáncer. De inmediato entablamos conversación y comenzamos a sentirnos muy a gusto y sorprendidos.

"Mi esposo era dueño de este taxi y murió muy joven de cáncer. No tuvimos hijos", nos dijo con la sonrisa de quien ha vivido el dolor y ha querido transformarlo en alegría. "Así que decidí continuar con su trabajo y ayudar al hospital de niños con cáncer. Los transporto gratis a donde quieren. Hemos hecho muchos viajes."

"¡Qué manera de hacer agradable su trabajo y la vida de los demás!", pensé. Después del breve trayecto, mi esposo y yo nos bajamos con la boca abierta y felices. Por supuesto, con todo el gusto del mundo Pablo quiso reconocer y agradecer su ejemplo de actitud a través de la remuneración económica, que en nada se comparó con lo que ella nos acababa de dar.

Cuando llegamos al hotel, todavía azorada, me metí a su página web (www.milano25onlus.org) y vi una entrevista que le hizo la televisión italiana. Le preguntaron, por ejemplo, cómo se definía a sí misma: "Como un ser humano cercano a Dios; un ser humano al servicio del otro", respondiá "la tía Cate", como la conoce la gente en Florencia. "El taxi me da la oportunidad de acercarme a la gente, de escucharla, de estar cerca de la vida."

Haberla conocido me enseñó que ser feliz es algo muy importante para dejarlo al azar; es una decisión de vida construida día con día. Aprendí que aquello de: "En ti está el cielo o el infierno", es cierto. Y que a eso venimos a este mundo: a ser felices y a hacer felices a los demás. Necesitamos de maestros como la tía Cate que nos lo recuerden. Que nos enseñen con su ejemplo que el dolor se puede transformar en amor y en una historia digna de ser contada.

Como esta señora taxista, cada persona tiene en sus manos el poder para decidir qué hacer con su vida.

El sufrimiento puede ser una trampa o un trampolín, según el sentido que cada cual decida darle. El modo en que tú y yo enfrentemos la situación, dejemos de pelearnos con lo inevitable que la vida de vez en cuando nos arroja y aceptemos nuestro destino, transformará o aumentará el dolor que nos acecha.

Incluso si en las circunstancias más dolorosas y difíciles, con todo el sufrimiento que conllevan, decidimos encararlas con dignidad, le pueden dar mayor sentido a nuestra existencia. Frankl recordaba con frecuencia las palabras de Dostoyevski: "Sólo temo una cosa: no ser digno de mis sufrimientos."

Cada vez que dices "no" a la vida, envejeces

El agua del deshielo proveniente del Nevado de Toluca estaba helada, como era de suponerse. Un grupo de amigos y niños llegábamos después de hacer un recorrido de dos horas en bicicleta. "¿Nos echamos al lago?", gritó Diego de trece años, con cara de travesura. "¡Órale, va!", contestó Toño.

Ambos se quitaron las camisas, contaron hasta tres y se lanzaron. Sus aspavientos desanimaban a cualquiera a seguirlos. Pero con la presión de no quedarse atrás, los otros niños y adolescentes se aventaron. El alboroto y la presión se multiplicaron. Uno a uno los adultos —los señores primero— fueron "animándose".

Noté que la situación emulaba el proceso de selección natural de Darwin. Entre más joven, más abierto a las nuevas experiencias. Las mujeres, por lo general más friolentas y menos susceptibles a la intimidación de este tipo, permanecimos de brazos cruzados y sosteniendo un "no" rotundo.

De pronto, como rayo, me vino a la mente una frase que leí en algún lado: "Cada vez que le dices 'no' a la vida, envejeces." Esta frase quizá a un joven no le diga nada, mas en la vida adulta, cala. Y cala porque dentro de nosotros hay una especie de imán que nos atrae constantemente hacia el "no", hacia la vida cómoda, sedentaria y hedónica. Este magnetismo se vale de infinidad de justificaciones que se metabolizan en nuestra mente: "¿Para qué te arriesgas?", "olvídalo", "eso ya no es para mí", "ya para qué", y demás.

Así que en contra de lo que el cuerpo y la mente me gritaban, la frase me lanzó de clavado al lago de hielo, con todo y ropa de ciclista. Me quedé sin respirar en lo que mi cerebro se ajustaba al shock; mas el gozo fue tal, que en minutos el cuerpo se adaptó. ¡Qué delicia! No sabía si la sensación venía del agua o de la satisfacción de la mente y el cuerpo por haberse rebelado al grito de "¡No!"

Todos lo hemos sentido. El imán del "no" es muy fuerte, es adictivo, es seductor y muy convincente: "No te inscribas", "no hagas ejercicio", "no vayas", "no te involucres", "no te arriesgues", "no te comprometas", "no insistas", "no te compliques la vida", en fin, no, no, no...

De hacerle siempre caso a esta fuerza poderosa y soltar la toalla, nos succionaría a sus dominios: la tierra del deterioro. Y el deterioro no sólo llega a los huesos, los músculos y los tendones. También se deterioran los componentes de la mente, de la actitud y del espíritu, los cuales nos dan agilidad, flexibilidad y capacidad de gozo..

En la tierra del deterioro nos enfrentaríamos con una serie de monstruos "come-salud" y "come-actitud", que esperan con hambre alimentarse de nosotros. Y una vez que pasas la barrera de los cuarenta años, esa fuerza de atracción se duplica.

Para vencer la atracción negativa y que el imán no te succione, lo único que requieres es cambiar "no", por "sí". Darle un sí a la vida. No tomarnos tan en serio y permitir que la fuerza de la vida aflore: "Sí, claro que festejo en mi cumpleaños", "sí, claro que voy", "sí, claro que me inscribo a la clase", "sí, claro que me aviento del paracaídas", "sí, claro que voy al gimnasio", "sí, claro que lanzo mi proyecto".

Decía mi querido amigo y maestro Germán Dehesa —a quien tanto extraño— que "cuando estás enamorado de la vida, difícilmente te puedes defender del amor". Y que el amor es como un abismo con sentido; el amor es dominar la actitud y el imán que nos seduce hacia la tierra del deleite. Mudarnos de la tierra del deterioro a la tierra del deleite es cuestión de querer, de decidir.

En fin, decir sí es amar, amarte y amar la vida. Como diría el gran Octavio Paz: "Amar es aceptar un vértigo." Siempre lo es...

¿Naces o te haces?

¿Se podrá ser naturalmente feliz o infeliz? ¿Existirá tal cosa? Y si un individuo se considera infeliz, ¿puede cambiar?

Sí, ciertas personas con las que convivimos nos comprueban que hay personas que parecen estar siempre felices; no importa cuándo, en dónde o con quién se encuentren, sin necesidad de estímulos externos, la energía que emana de ellas es siempre positiva. Pero, ¿naces o te haces?

Las investigaciones muestran que en un nivel inconsciente, la mente de algunas personas tiende naturalmente a enfocarse en una visión optimista de los demás y de la vida; ellas perciben y recuerdan con mayor facilidad los aspectos positivos. A este sesgo los científicos le llaman el *efecto Pollyanna.*

La gente que no se considera a sí misma feliz enfoca siempre lo negativo, lo que no tiene, lo que le falta; lo usual es que suele tener argumentos convincentes para permanecer así: infeliz. Arguye que la felicidad es algo demasiado simplista, no duradero y complaciente. Y para esa gente, ser feliz es algo que "la vida te cobra", una ingenuidad y demás ideas. Por eso, el primer reto con el que una persona así se encuentra para modificar su estado, es vencerse a sí misma.

LAS PERSONAS FELICES ¿QUÉ TIENEN EN COMÚN?

- Un grupo amplio de buenas relaciones que incluye, por lo menos, una muy cercana; además de una red de amigos.
- Un trabajo que disfruta y encuentra retador.
- Actividades recreativas que le satisfacen.
- Una personalidad con tendencia a ver lo positivo de la vida.
- Sabe lo que quiere de la vida y le da sentido.

Parece simplista, mas aunado a lo anterior, algunas de las cosas que contribuyen a que un individuo se sienta feliz son:

- Hacer ejercicio a diario.
- Encontrar buenas noticias y compartirlas sin importar lo malo que estuvo el día.
- Buscar diez minutos de silencio y quietud para sí mismo.

- Saberse merecedor de ser feliz.
- Realizar una actividad que sea placentera por lo menos treinta minutos diarios.
- Dormir bien, apreciar y agradecer los regalos de la vida.

Asimismo, las personas felices tienden a ser extrovertidas, antes que introvertidas; son muy optimistas, asumen que todo estará bien y sólo recuerdan las cosas buenas del pasado. Si algo sale mal, no se culpan a sí mismas, puede que culpen a otros o a las circunstancias, mas nunca se culpan a sí mismas, al contrario de las personas infelices.

Por otro lado, no se imponen metas imposibles de obtener. Por lo que no se frustran por la brecha que hay entre sus aspiraciones y sus logros. Tienen buenas habilidades sociales y suelen ser más cooperativas, más asertivas. Confían en que si conocen a una persona, se llevarán bien y se divertirán con ella y, de hecho, así sucede.

Cabe aclarar que cuando el efecto Pollyanna es exagerado y una persona es "demasiado" positiva, se puede desconectar de la realidad y mantenerse en un plano superficial y banal.

¿Y si yo no tengo esa disposición natural a ser feliz? En ocasiones no podemos elegir la música que la vida nos toca, pero sí cómo la bailamos. No te rindas, mantén la esperanza; la personalidad, hasta cierto punto, se presenta en el nacimiento y, también hasta cierto punto, es adquirida en la niñez, mas no es algo destinado a tener para toda la vida: se puede cambiar. Y lo más importante: ser feliz es una decisión y surge de tu interior. Finalmente, no es cuánto tenemos, sino cuánto disfrutamos lo que tenemos.

A lo único que hay que tenerle miedo es al miedo mismo

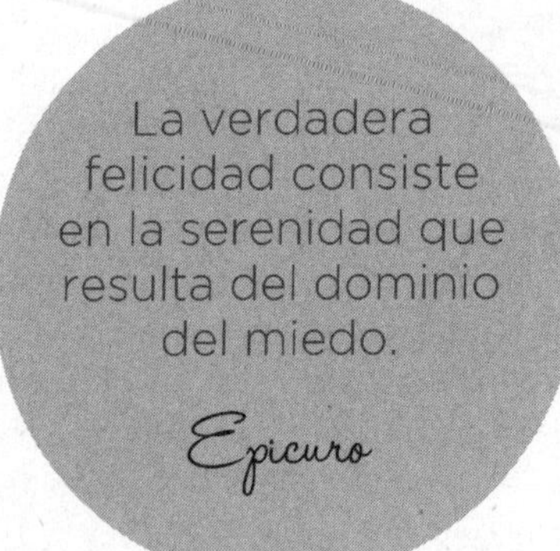

Recuerdo que ver las dos escenas me causaba risa y me invitaba a la reflexión. La niña, de unos cinco años retozaba libre en las orillas del mar de Cancún. El nivel del agua era bajito, sin embargo, el pequeño oleaje tenía la fuerza suficiente para tirarla, lo que ella disfrutaba enormemente, y después de caer se volvía levantar.

Me llamó la atención ver al papá, de nacionalidad estadounidense, que de manera callada, serena y de pie a una distancia razonable de su hija, se limitaba a observarla, permitía que la niña gozara, se arriesgara, cayera y aprendiera la lección.

Curiosamente, cerca de esta escena se desarrollaba otra muy diferente. "¡Ten cuidado!" "¡No te alejes!" "¡Te vas a caer, mijito!", escuché los gritos de una mamá mexicana que de igual manera cuidaba a su niño que parecía de la misma edad. La gran diferencia es que ella, a un centímetro de su hijo, a través de su tono de voz y actitud, le infundía un gran miedo. A lo que el niño reaccionaba temeroso, disminuyendo su gozo.

Confieso que me vi reflejada en esta mamá antes que en el papá. Ignoro si se debe a nuestra cultura que enfatiza la preocupación y la convierte en una "cualidad de buena madre", a diferencia de la actitud un poco más fría de nuestros vecinos del norte.

La comparación me hizo pensar: "¡Qué diferente crecerán estos dos niños!", ojalá los papás nos diéramos cuenta de todo lo que les transmitimos de manera inconsciente a esos pequeños seres que todo absorben. Cuánto mejor sería no reaccionar, sino razonar.

Ahora que soy mayor y tengo mucho más experiencia que entonces, he aprendido que nuestra vida la gobiernan nuestros pensamientos. Los pensamientos se convierten en emociones, en palabras, en actitudes y en decisiones que perfilan nuestra existencia; y unos papás miedosos extenderán esa sensación paralizante a sus hijos.

El miedo es una expectativa del mal. La mente está en el futuro y proyecta lo que puede pasar y no en el presente con lo que ocurre. La mamá, lejos de disfrutar el momento de ver a su hijo feliz, lo sufría. ¡Qué desperdicio!

El reto para los padres es encontrar ese punto medio entre vigilar al niño para que no le pase nada grave y dejarlo ser para que crezca con autonomía y seguridad en sí mismo.

Sólo experimentas aquello que crees

El miedo en esencia es un producto de la mente; un pensamiento nocivo con una gran fuerza y que sólo habita en nuestra imaginación. Su poder radica en que termina por convertir en realidad las fantasías o atraer precisamente aquello que temes.

La ley de la causa y el efecto nos dice que el pensamiento es causa. La vida que experimento es resultado de lo que pienso. No es la suerte, no es la casualidad, es la causa-habilidad de mis pensamientos. Por lo que hay que confiar en el pensamiento correcto

Todos los seres humanos del planeta Tierra alguna vez hemos tenido al miedo como un "invitado" no deseado en nuestra mente, incluso Jesús, Buda o Mahoma lo tuvieron. El reto es reconocerlo y transcenderlo.

Amor vs. miedo

De hecho, hay filosofías que nos enseñan que sólo hay dos emociones básicas, de las cuales se derivan todas las demás: amor y miedo. Cuando te sientes bien, el amor tiene algo que ver con ese estado. Confiar, agradecer, ayudar, perdonar o ser paciente, son diferentes expresiones del amor. Y cuando practicas lo anterior, te sientes más abierto, más receptivo, más vivo y más feliz.

En cambio, cuando el miedo se refleja en todo lo que ves, piensas o haces, te angustias, te sientes mal, te cierras y obstaculizas tu crecimiento. Pareciera que el alma se encoje, se achica, se contrae. Lo cierto es que se esclaviza, impide el desarrollo, la libertad, el disfrute de la vida y los derechos.

Es así que de ese miedo deriva la duda, la ansiedad, los celos, la impaciencia y demás emociones negativas.

El amor y el miedo tienen un efecto completamente opuesto, no sólo en nuestro cuerpo y salud, sino en el ejemplo a nuestros hijos y en las relaciones con los demás. Sólo recuerda: fuera de mente, fuera de experiencia.

Ya lo decía Shakespeare: "No hay nada bueno o malo, el pensamiento lo hace así." En el momento en que algo te sucede, tú decides si reaccionas de una manera o de otra, si te afecta o no. Y cuando eliges con conciencia, tu vida cambia.

William W. Walter tenía mucha razón cuando dijo "quien no gobierna sus pensamientos, no gobierna su vida."

PUNTOS A RECORDAR

1. Recuérda, no todo lo que piensas es cierto.
2. Aléjate de los problemas, dimensiónalos y obsérvalos a distancia.
3. Podemos encontrar sentido a la vida a través del amor, el dolor y el trabajo.
4. El mundo en apariencia tan físico y real, de hecho, es mental.
5. No son los acontecimientos los que nos hacen sufrir, sino la historia que creamos en la mente acerca de ellos.
6. "Conozco el mal, pero decido ver el bien", Alice Sommer-Herz.
7. Tú decides si el sufrimiento es una trampa o un trampolín.
8. Una sonrisa logra que las cosas sucedan.
9. Cada vez que le dices "no" a la vida, envejeces.
10. El miedo tiene el poder de atraer a lo que temes.

YO decido cuidarme

4

Es curioso
el hombre, se pasa
la mitad de su vida
gastando su salud
y la otra mitad
recuperándola.

Proverbio chino

¿Cuánto tiempo te dedicas a ti?

Los temas relacionados con la salud me apasionan. Me gusta investigar sobre todos ellos, incluso pienso en cuánto me hubiera gustado ser nutrióloga. Lo traigo en la sangre, lo heredé de mi abuelo materno. Él era un naturista cuando en esa época —en los años cuarenta— ni se hablaba de ello.

Mi abuelo levantaba a sus seis hijas a las 5:30 a.m. para que corrieran alrededor de la cuadra antes de desayunar, vestirse e irse al colegio. Él les preparaba el desayuno que consistía en un licuado con un huevo entero, "con todo y cáscara porque tiene mucho calcio", decía, y lo mezclaba con fruta y leche. Su negocio fue una fábrica de conservas que él mismo elaboraba, en la que por cierto inventó la famosa salsa Búfalo que todavía consumimos.

Bueno, pues con relación al tema, estoy convencida de que entre las decisiones más importantes de tu vida está cuidar tu salud. Si eres de las personas que no le ha dado importancia al asunto, con seguridad te verás tentado a saltarte el apartado. Dame la oportunidad de convencerte.

Quiero compartir contigo la historia de Martha Cristina Monzalvo Romero, una mujer valiente que cambió su vida.

Me embaracé estando obesa y empecé a acumular kilos y más kilos, hasta que me di cuenta de que ya compraba ropa de tallas de dos y tres dígitos (13-15-2XL). Lo peor, para mi desgracia, es que no paraba de comer, ni movía el cuerpo.

Hace cuatro años, después de tener dos hijos, caí en depresión. Llegué a pesar 98 kilos, con una estatura de 1.57 cm, la verdad era una elefantita. Menciono "era", pues me cayó el veinte y decidí cambiar mi vida. Me impulsaron mis hijos pequeños, ya que con una mamá poco sana, ¿cómo ser ejemplo?

Correr cambió mi vida. Abrieron un gimnasio y me inscribí, quería entrenar para una carrera de cinco kilómetros. Mi mente decía: "Esto es imposible", pero tomé el reto, quería moverme y bajar de peso. Después, el entrenador me animó a entrenar para una de diez kilómetros... "¿Qué?", me dijo mi marido, "¡¡¡Estás loca!!!", y le respondí: "Él me entrena, sólo hay que pagarle."

Para mi sorpresa, en cuatro meses logré reducir once kilos. Me sentía muy bien, ganaba autoestima y seguridad. Actualmente, después de ser talla 16, uso talla 7. He perdido 38 kilos de manera natural, sin dietas rigurosas, sin medicamentos. Ahora me enfoco en las porciones pequeñas y en los alimentos sanos para mi cuerpo. De repente me doy el lujo de comer pastel de chocolate, helado, antojos que de igual manera me pide el cuerpo.

Tengo cuarenta y un años, he participado en más de cuarenta carreras desde cinco kilómetros hasta cuarenta y dos. Ahora sé que los sueños y las metas se logran siempre y cuando uno esté dispuesto a sacrificar algo y comprometerse consigo mismo. Como dicen por ahí: "Si quieres cambiar tu vida, corre un maratón." Yo ya lo corrí y, efectivamente, cambió mi vida.

En abril inicié los entrenamientos para el Ironman. Además de correr, ahora cumplo horas y técnica de nado en distancias, también entreno en bici fija y en bici de ruta, todo lo hago con mi esposo y juntos lo hacemos muy bien.

Tomar la decisión de hacer deporte cambió mi vida...

La vida, entre el caos y el equilibrio

Hoy se saben cosas que hace apenas diez años no se conocían acerca de la salud, el bienestar y el envejecimiento. Actualmente comenzamos a escuchar palabras como telómeros, epigenética, glicación avanzada, citoquinas C-6 y C-10 o "florecer", que nos llevan a un mayor conocimiento de cómo funciona nuestra mente y nuestro cuerpo a nivel celular, lo que nos abre la puerta a mayor conciencia sobre cómo conservarnos llenos de salud y bienestar.

El deterioro: ¿qué tanto lo puedes controlar?

Tenían cinco años de sembradas las ocho secuoyas que, con mucha paciencia, Pablo mi esposo, había cuidado antes en un invernadero. Eran hijas de una vieja madre conífera que tuvimos que derribar por muchas razones, pero a la que antes de hacerlo pudimos sacarle varios hijos. Una vez que los retoños tuvieron el tamaño adecuado, las plantamos en el exterior.

Hace dos años, con un metro de alto, cuando los ocho pequeños árboles apenas se estaban acostumbrando al frío natural del lugar, cayó una helada muy fuerte y quemó sus puntas. Y una secuoya sin una punta que lidere su crecimiento, simplemente se estanca.

Ahora, con mucha alegría, vemos que la sabiduría de la biósfera hizo que seis de esas secuoyas desarrollaran un nuevo pico. Ya sólo es cuestión de paciencia –otra virtud de la que la naturaleza hace alarde y nos enseña– para que estos magníficos árboles crezcan y se expandan como naturalmente lo hacen. Sin embargo, todavía hay dos que no encuentran ese eje que les devuelva el equilibrio; sin punta y chatos, están destinados a quedarse así, hasta lograrlo por sí mismos.

Entropía

Los seres humanos somos iguales; convivimos con la dualidad de caos y equilibrio a lo largo de nuestra vida. Tu reto y el mío es abatir y detener en lo posible esa fuerza natural de la entropía, que parece gobernar el comportamiento tanto del macrocosmos como de nuestro microcosmos. ¿Pero qué significa entropía?

La palabra entropía proviene del griego y se entiende como un proceso y una tendencia natural de desgaste o transformación. Fue Rudolf Clausius quien usó este término, y desarrolló su concepto en el ámbito de la termodinámica, a mediados del siglo XIX.

Este principio muestra que todo ser vivo tiene un proceso de nacimiento, desarrollo y decadencia. Le sucede lo mismo a una mosca y a una flor, al ser humano o a una estrella. Por ejemplo, si no estoy pendiente de limpiar y reparar los muebles de mi casa, la entropía se encargará de deteriorarlos; si no procuro una cercanía o una convivencia con mi pareja, es muy probable que la relación se enfríe; si me dejo llevar por la autocomplacencia y consumo comida chatarra, refrescos y golosinas, la entropía se encargará de acelerar mi envejecimiento; si permito que alguien abuse de mí, verbal o físicamente, la entropía se encargará de terminar con mi autoestima. ¿Me sigues?

Este concepto se puede aplicar a cualquier tema en la vida. Significa soltar la toalla, renunciar, dejar que la inercia, el tiempo u otros decidan por ti.

¿Envejecer, yo?

¿Sabías que el envejecimiento comienza sutilmente a partir de los veinticinco años, y que tu estilo de vida determina el setenta por ciento de lo que sientes envejecer, y que este sentimiento puede modificarse?

Pues bien, partiendo de lo anterior y de que el punto más alto en el desarrollo del ser humano es entre los treinta y cinco y cincuenta años de edad; es precisamente en esta etapa cuando las señales de un cambio mayor tanto interior como exterior comienzan a manifestarse en nosotros.

Antes, en términos de salud, de lozanía, de energía en general, los cambios habían sido gratuitos y favorables en su mayoría. Pero a partir de este pico de crecimiento, comienzas a vislumbrar una etapa de declinación natural, el medio día de la vida; que de no hacer nada, la mente puede quedar atrapada en el desencanto y la realidad entrópica. Esto afecta de manera directa tus niveles de autoconfianza.

Pero, ¿por qué envejecemos?

Hay varias teorías —por cierto, ya muy conocidas— por las cuales envejecemos y son:

- Daño acumulativo en el cuerpo, debido a diversos factores como la exposición a los rayos del sol.
- Mala alimentación.
- Pocas horas de sueño.
- Estrés.
- Por fumar.
- Respirar o ingerir polución.
- Proceso metabólico del cuerpo que nos lleva a envejecer y después a morir.

El estrés oxidativo

Asimismo, sabemos que otra de las teorías más relevantes de hoy se refiere a la del estrés oxidativo.

Es decir, al daño generado en el ADN de las células y los tejidos en el cuerpo por los radicales libres, que son moléculas con electrones sin pareja y que se producen cuando el cuerpo metaboliza el oxígeno.

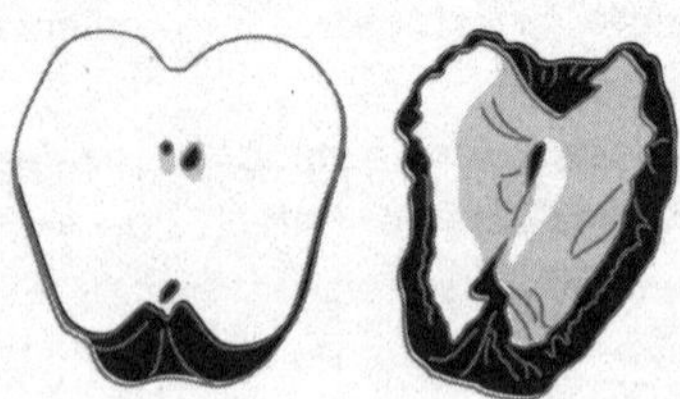

En ese estado incompleto, los electrones se convierten en ladrones, es decir, roban electrones a otras moléculas y las dejan completamente dañadas, como la oxidación en un fierro. El cuerpo tiene la habilidad de absorber radicales libres y reparar el daño que hacen, sin embargo, su sistema de defensa tiende a debilitarse con el tiempo, y lo deja más susceptible a la enfermedad.

Pero recuerda que la vida siempre nos ofrece la libertad de escoger. Y esta fuerza puede funcionar como un llamado: a resistir, a compensar, a dar la batalla, a retrasar el proceso de deterioro. Es un llamado hacia la calidad y no a la cantidad. A esta fuerza contraria se le conoce como:

Sintropía

A partir de este momento veremos la información más reciente y novedosa que hay sobre cómo contrarrestar la fuerza entrópica. Se trata de detener en lo posible el deterioro en este proceso de desarrollo y desgaste simultáneo que afecta a todos los seres vivos. Y ésta es la premisa no sólo de este apartado, sino de todo el libro, y que a continuación desmenuzo.

Informarte te ayudará a tener calidad en lo que haces, en lo que consumes, en el tipo de pensamientos que te permites, en el uso que le das a tu tiempo, en lo que introduces a tu sistema, en fin... descubrirás que el mejor indicador de llevar una vida de calidad es tu energía, tu ánimo y tu gozo por la vida, que te conducen a la sabiduría. Sabrás que si optas por la cantidad —querer más, ganar más, comer más, tener más—, irás directo a la vejez.

Partamos de que la felicidad no es una cosa, no es un destino, no es un estado mental. Es el nombre que le damos a la experiencia de tu verdadera naturaleza, de tu verdadero ser, de quien en realidad eres.

Puedes elegir que la fuerza de la sintropía te impulse a respaldar una vida más sana, con mayor bienestar, para ser más feliz. Y ser feliz es el mejor regalo que le puedes dar a tu familia, a tus amigos y al mundo.

En las siguientes páginas, veremos maneras prácticas de ejercer la resistencia al deterioro natural. Hablaremos de temas como la relación cuerpo-mente; ¿qué es la epigenética y cómo influye en mi vida?; el estrés bueno; qué es la inflamación y cómo afecta; alimentos que aceleran el envejecimiento y alimentos que lo retrasan; el gluten; qué son los telómeros y cómo cultivar el *chi.*

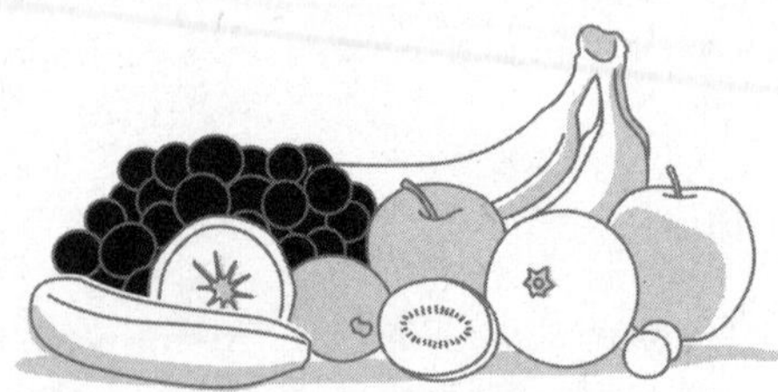

Y antes de entrar en estos temas, te diré que lo primero que hay que hacer para resistir la entropía es simplemente caminar derecho. Como decía mi padre: "La edad se ve en el caminadito." Observa a las personas mayores, por más cirugías estéticas que una persona se haga, si su bienestar no viene de adentro, la edad se nota. Sí, hay personas a quienes por su caminar encorvado pareciera que "la tierra las llama". No lo permitas. Esto no sólo se aplica a los adultos mayores. Caminar derecho es una señal de saberse valioso, de ser dueño de uno mismo y de las circunstancias.

Otro punto importante, y del cual hablaremos con mayor detalle en otro apartado, pero que debe estar presente en esta tarea de mantenernos jóvenes y con energía es: quiérete. Sí, ésta es la mayor fuerza que existe para detener la entropía, el amor hacia ti mismo. Si en tu vida eliges como prioridad pensar mejor, ser mejor, amar mejor, trabajar mejor, encontrarás tu eje y te llenarás de energía para llevar una vida plena.

Ahora sí, analicemos cada tema.

Relación cuerpo-mente

Sabemos que acumular toxinas en el cuerpo acelera el envejecimiento. De la misma manera, estamos al tanto de que hay toxinas en el ambiente, en la comida, que nos enferman, pero también en las emociones y en las relaciones.

El escritor inglés James Allen en su libro *As a Man Thinketh* (1903) afirma: "Enfermedad y salud, como las circunstancias, tienen sus raíces en el pensamiento. Ten pensamientos de enfermedad y tendrás un cuerpo enfermizo. La gente que vive con miedo a enfermarse es la que se enferma. En cambio, pensamientos puros de fortaleza, construyen un cuerpo vigoroso y sano."

No es posible trazar con certeza una línea entre lo biológico y lo psicológico. ¿Sabías, por ejemplo, que recordar un problema, una tensión, que es sólo una brizna de pensamiento, libera el mismo torrente de hormonas destructivas que la tensión en sí?

Es por eso que la revolución de la medicina mente-cuerpo se basó en este simple descubrimiento: donde quiera que va un pensamiento, un elemento químico lo acompaña.

Pues bien, te invito a optar por la sintropía. Esa conciencia te llevará a sentirte pleno, independientemente de la edad que tengas o del estado de tu cuerpo.

Comencemos con el inicio de tu día.

Todo comienza a las 6:00 a.m.

¡Zap! Son las 6:00 a.m. y de un manotazo apagas el despertador, cuyo sonidito irritante y en aumento te impide seguir en la placidez del sueño. Anoche te prometiste levantarte a hacer ejercicio. En tu cerebro comienzas a escuchar dos voces diferentes; una te dice: "Ya levántate, es hora de irte a correr —o a caminar—, te sentirás muy bien"; la otra: "¿Qué queeé? ¿No ves que todavía está oscuro?, ¿que el niño se despertó a media noche? Para nada."

Esta lucha infernal es la primera decisión de la jornada. Y, como todas las que tomamos, perfila nuestro día, nuestra salud y nuestra vida. La pregunta es: ¿Cómo te sientes durante ese día, de acuerdo con el fallo que decidiste? ¿En qué y cómo afectará tu día, tu estado de ánimo y tu desempeño?

La palabra de moda

¿Sabes cuál es una de las palabras más apasionantes, esperanzadoras e importantes de nuestro mundo? Es una palabra sobre la que el año pasado se escribieron más de 2,500 artículos, el *boom* de la ciencia biológica, causante de que se llevaran a cabo numerosos congresos científicos, que se abriera un periódico dedicado sólo a ella y que la prensa la presentara como una ciencia nueva y revolucionaria. Me refiero a la palabra epigenética. Su futuro, a decir de los expertos, es apasionante. ¿Por qué? Te platico.

¿Epige... qué?

La maravilla de la epigenética —que significa "más allá de la genética"— es que descubre y enseña que tus genes no son tu destino. Sí, los genes no son absolutamente determinantes, ni estamos atados a ellos para siempre, como se pensaba antes. Son más bien flexibles y altamente influenciables por tu ambiente externo y estilo de vida, y puedes modificarlos más de lo que nos habían hecho creer.

Por ejemplo, ¿sabías que el hecho de que en tu familia haya una predisposición genética a padecer cierta enfermedad crónica, no significa que el gen se exprese en ti?, ¿y sabías que está en tus manos que así sea? Con frecuencia basta con sólo creer que heredarás cierta enfermedad familiar para que así suceda; no son los genes, es la creencia lo que hace que la enfermedad se presente. Lo que me parece asombroso es saber que tienes más control sobre tu salud de lo que imaginábamos.

Afortunadamente, por la epigenética, hoy entendemos que muchos padecimientos crónicos se pueden prevenir —y son incluso, reversibles— por medio de las opciones que la vida con libertad nos presenta.

¿Qué modifica nuestros genes?

De acuerdo con los expertos, tu estilo de vida básicamente determina la expresión de tus genes y, por tanto, hace lo que eres, lo que somos todos. Es así que podríamos concluir que la respuesta a la pregunta de este apartado es: las decisiones que tomamos. Así de simple. Imagina que tu ADN tuviera un interruptor como el de la luz eléctrica, que puede activar o desactivar la expresión de ciertos genes. Pues ese interruptor en realidad son los factores no genéticos que prenden o apagan tu salud como:

- El tipo de pensamientos que tengas.
- La alimentación y las bebidas que consumas.
- El nivel de estrés al que sometas al cuerpo y a la mente.
- Los rayos ultravioleta a los que te expongas.
- El tabaquismo, el consumo de alcohol y los químicos en el ambiente que tocas, inhalas o ingieres.
- Una vez alterados, los genes intervienen no sólo en tu salud, sino también en la de tus hijos y nietos a través de la herencia.

El Centro Nacional de Investigaciones Oncológicas (CNIO) en Madrid, España, ha realizado cientos de estudios en gemelos, cuyo código genético puede ser idéntico, y ha observado cómo éste se modifica de acuerdo con la actitud y el estilo de vida de cada uno.

Si bien, de vez en cuando, la vida nos arroja retos a la salud que son inevitables, y además no decidimos el final de nuestra existencia, es un hecho que está en tus manos llegar a ser, en un futuro, un abuelo o una abuela que pueda retozar con sus nietos en el campo, ir con ellos en bicicleta, ser un gran compañero, incluso ir a sus bodas. Asimismo, puedes hacer que tu vida se gaste en visitar todas las clínicas, los hospitales y las farmacias del país, vivir lleno de pastillas, terapias y achaques.

Qué maravilla que haya científicos que continúen sus investigaciones sobre epigenética, que nos ayuden a ser más conscientes de nuestra vida, para así tomar mejores decisiones, lo que nos toca ahora es informarnos.

¿Qué son los telómeros?

Telómero es otra palabra reciente, está relacionada con la medicina biomolecular y cada vez la escucharás con mayor frecuencia.

El doctor Rod DePinho, investigador y profesor en genética de la Harvard Medical School, realizó un experimento que publicó en la revista *Nature*. Los resultados bien podrían compararse al hallazgo de la ancestralmente buscada fuente de la juventud.

En dicho experimento, DePinho tenía un ratón de edad avanzada, cuyas condiciones equivalían a las de una persona vieja, con todas las señales clásicas de serlo: su cerebro era más pequeño, ya casi no veía, dejó de tener actividad sexual y no recordaba dónde estaba su comida, tampoco podía encontrar su camino dentro de un laberinto.

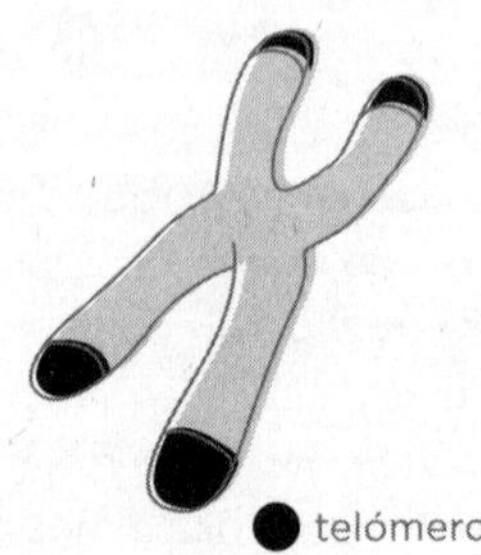

Cuando el investigador provocó que los telómeros en sus células se alteraran, en sólo un mes el ratón rejuveneció por completo: su piel, tejidos y órganos comenzaron a regenerarse como los de un joven.

Imagina a tus cromosomas como si fueran unas agujetas. Así como en las puntas estas tienen un recubrimiento de plástico que facilita su uso, al final de cada hebra de ADN hay unas sustancias llamadas telómeros. Cada célula contiene 92 de estas bombas de tiempo biológicas.

Cada vez que una célula se divide y reproduce, el telómero estabiliza los cromosomas de la célula y en el proceso se hace más corta la agujeta. Cuando los telómeros se hacen muy pequeños, la célula no puede dividirse más, deja de funcionar adecuadamente o muere.

Una vez que esa cubierta se acaba, tu ADN comienza a desgastarse y es mucho más difícil de "usar", tal como sucede con las agujetas. Se cree que esto es lo que resulta en varios aspectos de envejecimiento, que incluye disminución de la masa muscular, arrugas y menor capacidad inmunológica.

Y así, nuestro cuerpo produce células menos fuertes y más deterioradas, hasta que la división celular se detiene y la vida termina.

La buena noticia es que gracias a las investigaciones sabemos que al reducir la velocidad de la pérdida de los telómeros, no sólo extendemos la expectativa de vida, sino que es posible vernos y sentirnos más jóvenes. Sólo bastan ciertos cambios en el estilo de vida y la alimentación, a continuación los veremos...

25/75

La longevidad depende de veinticinco por ciento de los genes y setenta y cinco por ciento del estilo de vida.

En 2008, investigadores del King's College en Londres vieron la longitud de los telómeros de las células en los glóbulos blancos de varios gemelos. Algunos de los participantes eran muy activos, mientras que sus hermanos gemelos eran mucho más pasivos. ¿En qué crees que radicó la diferencia? El largo de los telómeros estaba relacionado nada menos que con la actividad, sí ¡la actividad!

Entre más activa la persona, más largos los telómeros. La diferencia entre ambos era como de ¡cuatro años de vida! Misma genética, diferentes resultados. Así que mantenerte joven no es sólo un asunto de genes, sino de qué haces con ellos.

¿Qué ayuda?

De acuerdo con el *Journal of the American Medical Association*, uno de los mejores nutrientes para activar el crecimiento de los telómeros son los aceites omega 3, que se encuentran principalmente en los pescados de agua fría, como la macarela, el salmón salvaje, la trucha y el arenque. También están presentes en nueces, almendras, semillas de calabaza y chía.

Asimismo, hay cuatro vitaminas básicas que necesitan tus telómeros:

- **Vitamina B12,** puedes obtenerla del hígado de res, el salmón, el atún, la trucha y los pimientos rojo y verde.
- **Vitamina C,** contenida en el kiwi, la fresa, la naranja, la toronja, el mango y los pimientos.
- **Vitamina E,** presente en la espinaca, el brócoli, el nabo verde, las almendras, los cacahuates, el aceites de oliva y el kiwi.
- **Vitamina D,** se obtiene de la yema del huevo y del jugo de naranja.

La vitamina D también es muy importante para el sano desarrollo de los telómeros. Se hizo un estudio con más de dos mil mujeres de todas las edades. Se descubrió que entre más vitamina D había en su cuerpo, más largos eran sus telómeros. De igual manera, quienes tomaban veinte minutos diarios de sol, o tomaban dicha vitamina como suplemento, tenían más largos sus telómeros que quienes no lo hacían.

Como puedes ver, todos, si decidimos llevar un estilo de vida sano, tenemos la capacidad de ayudar a los genes para vernos y sentirnos mejor.

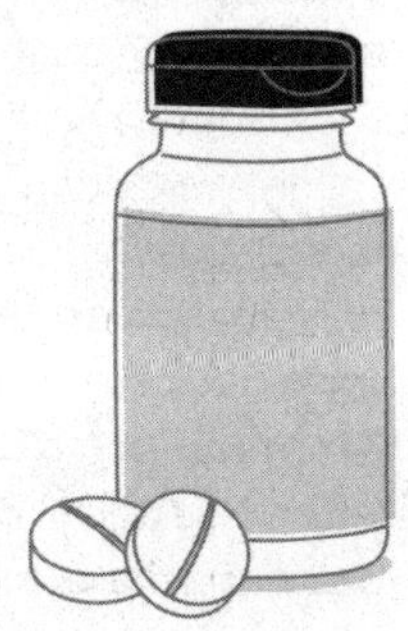

Por lo que podemos concluir, una vez más, que mantenerte años más joven está en tus manos; es cuestión de elegir: dormir bien, pensar bien, comer sano, proteger tu piel del sol, evitar el estrés, no fumar, hacer ejercicio, abrazar y procurar los buenos momentos en los que la vida te haga reír a carcajadas.

El valor de lo deseado

Supongamos que cotizas en dinero un objeto que deseas, y que le das el valor de mil pesos. Lo curioso es que una vez que obtienes lo deseado, tu percepción de ese valor baja a cien pesos. Y si llegas a perder dicho objeto, su valor vuelve a incrementarse a mil pesos o quizá más, ¿no es absurdo? Así somos los seres humanos.

Lo mismo pasa con la salud. Lo que inquieta es que cuando tenemos salud, la damos por hecho: nos alimentamos mal, no hacemos ejercicio, dormimos poco, en fin.

No la valoramos, la damos por hecho, hasta que un día se pone en huelga. Es sólo entonces que te percatas de la libertad que te da estar sano. Basta escuchar a alguien que está enfermo o a sus seres queridos, o bien, darte una vuelta por los pasillos de un hospital para despertar la conciencia y cuidarte.

Te platico una historia, que bien podría ser la de muchas personas.

Una persona tenía varios días de no sentirse bien. Su cuerpo le daba varias señales de fatiga, de agotamiento, pero las ignoraba. El trabajo le exigía levantarse por las mañanas en contra de su voluntad. Apenas sobrevivía, a pesar de las tazas de café, las coca-colas y las botanas que ingería durante todo el día para "reanimarse".

En su mente llevaba varios meses justificando su sobrepeso: "El divorcio que acabo de pasar, mis tres hijos cuyo padre no les ha vuelto a hablar y que no ve por ellos, el nivel de vida que debo mantener, los abogados y todo el desgaste que la situación conlleva." En fin...

La semana pasada le diagnosticaron diabetes. Un peso más que cargar en su vida.

Al platicar con Norma, la protagonista de esta historia, me decía que el consumo de refrescos y todo tipo de golosinas para ella era "normal". "Desde niña, en mi casa acompañábamos las comidas con refrescos. 'Ve por las cocas', le gritaba mi mamá a mi hermano o a mí antes de sentarnos a la mesa. En la oficina, las botanas están a nuestro alcance y sirven para distraernos un poco de la rutina. Además, soy adicta en especial a la coca cola. Gaby, no concibo, no digas un día, sino una mañana, sin consumir dos o tres latas."

Me quedé pensando al ver su desesperación y escuchar su narración. "¿En cuántos hogares en el país sucede lo mismo hoy día?" De hecho, "en México se vive una situación de alarma alimentaria; cincuenta por ciento de lo que consumen los mexicanos son productos procesados", de acuerdo con la OPS (Organización Panamericana de la Salud).

Para muchas personas es difícil reconocer que su alimentación sea la razón de su malestar. Incluso a mucha gente no le gusta escucharlo. Cierra los oídos cada vez que alguien menciona la idea de cambiar un hábito, sin saber que se cierra también a la oportunidad de sentirse más fuerte, con más energía y de verse mejor.

Sin importar tu edad, tu educación o tus creencias, existe una verdad fundamental: eres responsables de tu salud y tienes opciones. Puedes usar los alimentos para recibir grandes beneficios o grandes malestares.

¿Sabías que hoy en el país la obesidad afecta a siete de cada diez adultos y a tres de cada diez niños?, según reporta el Instituto Nacional de Salud Pública. Es importante reaccionar.

La salud es responsabilidad nuestra y de nadie más. No lo es de la familia, ni del doctor, ni del gobierno y en última instancia ni de Dios, que sólo ve cómo abusamos de nuestro cuerpo. Entre más pronto nos caiga el veinte y lo aceptemos, mejor será nuestra vida y todo, absolutamente todo, lo que a diario eliges, importa. Así que es tiempo de tomar el control si es que te has descuidado.

Sobre todo, busca la información acerca de lo que es saludable y lo que no, y cambia de hábitos. ¿Cuesta trabajo? Sí, claro que sí, pero tu salud y tu calidad de vida, lo valen.

El ejercicio: no negociable

Si bien como vimos, el envejecimiento comienza a los veinticinco años, después de los cincuenta años comienza el deterioro serio. A menos que envíes señales a tu cuerpo de que quieres estar vivo y seguir creciendo. ¿Cómo? La respuesta no es opcional, no es negociable. No puede haber excusas o el cuerpo comienza a irse de bajada: haz ejercicio seis días a la semana. Sí, seis días por el resto de tu vida. Ni modo, los estudios comprueban que si quieres sentirte sano y lleno de energía, no hay de otra. Cuarenta minutos de ejercicio cardiovascular envían las señales vitales que sacuden nuestras células para que se reparen y renueven. Éstas, a su vez, liberan químicos que bañan nuestro cerebro de emociones positivas. Y así, tu vida cambia.

Raúl es un señor de ochenta y tantos años, compañero de gimnasio, que tiene un cuerpo, un tono muscular, una energía, una lucidez y un ánimo que cualquiera de cuarenta desearía. ¿Su secreto? Todos los días —y en verdad todos— hace una rutina de pesas. Es un ejemplo para quienes lo conocen.

Realizar ejercicio con pesas es una de las mejores cosas que puedes hacer para sentirte sano y bien. Dos veces por semana es suficiente. Eso sí, por el resto de tu vida.

Este tipo de ejercicio es igual que aprender un nuevo deporte. Por ello, es importante estar bien asesorado, para comenzar de forma gradual, con posturas correctas y no exagerar en el peso.

El entrenamiento con pesas es una terapia maravillosa para detener o revertir el deterioro del cuerpo. ¿Por qué? Ayuda a fortalecer la masa muscular de tu cuerpo, tendones, articulaciones y huesos, pero también a millones de neuroconexiones, que nos dan habilidades para la vida diaria.

Las citoquinas maravillosas

¿Sabías que al hacer ejercicio tus músculos se estresan y se dañan y que este tipo de estrés y daño es positivo? Se llama *microtrauma adaptativo* y es básico para tu salud. Te platico.

Cuando los músculos se estresan por haberlos ejercitado, el cerebro fabrica unas sustancias llamadas citoquinas 6 o C-6. Estas sustancias envían al cuerpo la señal, "¡Ayuda! Necesito reparar." Las células, de inmediato, comienzan un estado de inflamación.

Algunas de esas C-6 se filtran a la sangre, lo que atrae a los glóbulos blancos, como abejas al panal. Una vez que el ciclo inflamatorio termina su trabajo de demolición, llegan los glóbulos blancos para limpiar todo, y después de dejar una superficie fresca, se retiran.

Lo genial es que entonces, gracias al llamado de las C-6, viene el equipo reparador —las citoquinas 10 o C-10—, que renuevan y construyen. Cada vez que sudas, cada órgano, cada hueso, cada pedacito del cerebro hasta las uñas de los pies, se bañan de estas citoquinas maravillosas que pulen y restauran. El músculo se hace un poco más fuerte. Acumula un poco más de energía en su almacén para el día siguiente. Construye un poco más de vasos capilares dentro del músculo. Aumenta tu coordinación. ¿El resultado? Un cuerpo más sano, más fuerte y más joven.

Ese es el poder del ejercicio. Además, cuando estas en reposo, sólo veinte por ciento de tu sangre se mueve; en cambio, cuando haces ejercicio, se activa ochenta por ciento. Imagina los ríos de sangre que circulan por tus músculos repletos de C-10, los mensajeros de la inflamación que reparan y son llevados a cada rincón de tu cuerpo.

PARA CONCLUIR, TRES PUNTOS CLAVE:

1. El deterioro por el ejercicio dispara reparación.
2. No siempre las C-6 disparan la producción de C-10. Cuando eres sedentario, sólo hay una fuga de C-6, mas no la suficiente para llamar a las C-10.
3. Si no hay C-10, no hay reparación, sólo deterioro.

Así que cuando suene tu despertador a las 6:00 a.m., levántate antes de que las voces en tu cerebro comiencen a negociar. Y como siempre, tú decides...

A continuación hablaremos de otro punto que te dará una visión mucho más amplia sobre por qué tu estilo de vida es tan importante.

Hablemos de la inflamación

Hay de inflamación a inflamación. Cuando te cortas un pie, te quemas la piel o tienes dolor de garganta, tu cuerpo intenta reparar los daños mediante la inflamación. Es decir, tu sistema inmunológico envía más sangre, más nutrientes y más defensas al área lastimada. Es por eso que la piel se pone roja y sensible, se inflama o se siente caliente al tacto.

Mientras esta fase de pro-inflamación es dolorosa, la fase antiinflamatoria que suele seguir es necesaria para la regeneración de tus células.

La inflamación natural es de corta duración y muy benéfica; sin embargo, si el proceso de inflamación continúa más allá de lo necesario y se vuelve crónico —aunque sea en un nivel muy bajo, o durante años o décadas—, causa serios problemas de salud, como pueden ser envejecimiento prematuro, cáncer, Alzheimer, depresión, obesidad y hasta padecimientos cardiovasculares que no quisiéramos ni escuchar.

¿Qué la causa?

Existen factores que incrementan la inflamación crónica, son los mismos enemigos de siempre: fumar, alcohol en exceso, tener pocas horas de sueño, estar estresado, no hacer ejercicio, padecer alergias —a alimentos o al ambiente— tener obesidad y consumir alimentos chatarra.

Los alimentos que ingerimos también inciden en este tipo de inflamación. Hay una fuerte relación entre el consumo de grasas no sanas, como las de origen animal en carnes y lácteos, y la inflamación, así como entre los alimentos con altos índices glicémicos, como los hechos con base en harinas blancas, refrescos y azúcares. De ahí el dicho, "entre más blanco el pan, más rápido te mata".

Mide tu nivel de inflamación

Hay una sustancia que se produce en el hígado y aumenta cuando existe una inflamación microvascular, sin que tu te enteres; se llama proteína C-reactiva (PCR). Los médicos la observan para evaluar problemas cardiacos y se mide en una escala de 0 a 3.0 y mayor. De acuerdo con el doctor Andrew Weil, si tu PCR es menor a 1.0 mg por litro de sangre, tu riesgo de padecer este tipo de enfermedades es bajo; si está entre 1.0 y 3.0, el riesgo es promedio; y si es mayor a 3.0 mg, el riesgo es alto.

Un estudio publicado en *American Journal of Medicine* muestra que las personas mayores, con altos niveles de PCR, tienen ¡260% más probabilidades de morir en los próximos cuatro años!, principalmente por enfermedades cardiovasculares.

Conoce la pirámide antiinflamatoria

Pero no te preocupes. Hoy los expertos en nutrición nos dan una pirámide de consumo de alimentos que contrarrestan la inflamación crónica. En la base de la pirámide y en orden ascendente se encuentran:

---

1. Todo tipo de vegetales crudos y cocidos; así como frutas, en especial las moras, los duraznos, los cítricos, las peras y las manzanas, ricas en antioxidantes y flavonoides antiinflamatorios. No se recomiendan las frutas tropicales por su alto contenido de azúcar.
2. Granos enteros, pasta, frijoles y legumbres. Los granos enteros, como arroz salvaje, quínoa, avena

y cebada. Es importante comer poca cantidad de pasta, que esté firme y aderezarla con aceite de oliva.

3. Grasas sanas: aceite de oliva, aguacate, nueces y fuentes de omega-3, como salmón, sardinas, anchoas, chía y linaza.
4. Pescados y mariscos.
5. Productos de soya: edamames, leche, tofu y nueces.
6. Hongos y setas. En especial, los orientales: enoki, porcini, shiitake, que están llenos de fibra, proteínas y antioxidantes.
7. Otras fuentes de proteína: huevos, pollo, lácteos y carne roja en poca cantidad.
8. Hierbas y especias: albahaca, jengibre, ajo, cúrcuma.
9. Agua, tés y 1-2 copas de vino tinto.
10. Dulce sano: chocolate amargo. Éste se encuentra en la punta de la pirámide, por lo que su consumo debe ser limitado.

Así que recuerda: hay de inflamación a inflamación...

Los alimentos que aceleran el envejecimiento

Tener una buena piel, estar en forma y verte bien, no sólo es un asunto de estética, sino es el reflejo exterior de cómo estás por dentro a nivel molecular.

Es por lo anterior que comparto contigo información reciente que nos permite comprender por qué hay personas que se marchitan más rápido que otras.

Glicación avanzada

¿Qué es? Todas las arrugas, la flacidez y las líneas de expresión profundas se forman en parte gracias a un proceso llamado glicación avanzada. Un proceso bioquímico que tiene efectos dramáticos en nuestro físico. Me explico. Esto sucede simplemente cuando hay demasiada glucosa —azúcar— flotando en la sangre y la insulina no la puede introducir a nuestras células; entonces, las moléculas de glucosa que flotan felices se montan a otras moléculas de proteína, como si éstas fueran un caballo. Esto disminuye la efectividad de las proteínas; además provoca que éstas se endurezcan y las vuelva rígidas como cuando lavas un suéter de lana con agua y jabón. Entonces, la falta de flexibilidad, aunque sea a nivel molecular, es el principio del envejecimiento.

Cuando sucede, además de que las moléculas de proteínas se endurecen, se tornan pegajosas y causan inflamación a nivel celular.

A mayor nivel de azúcar, más rápido envejeces

A estas proteínas modificadas por la glucosa se les llama en inglés AGES (Advanced Glycation End Products) y en español, PGA (Productos de la Glicación Avanzada). Y dependiendo en qué parte de tu cuerpo suceda lo anterior, causa diferentes y serios padecimientos en el cerebro y en el cuerpo, tanto por dentro como por fuera.

Es importante saber que la inflamación, el desequilibrio de insulina y los PGA están íntimamente relacionados. Y la combinación de los tres es como pólvora, mecha y fuego para la salud en general, por los radicales libres que producen. Pero para que te quede claro, a mayores niveles de azúcar en la sangre, mayor la producción de PGA y más rápido envejecimiento, así de simple.

Resulta que por un lado, nosotros mismos producimos los PGA; y conforme nos hacemos mayores, el proceso destructivo aumenta. Sin embargo, para contrarrestar dicho desarrollo, es importante mantener los niveles de azúcar e insulina en la sangre. ¿Cómo? Una manera de lograrlo es evitar el consumo de ciertos alimentos que a continuación te describo.

Los grandes enemigos

AZÚCAR. Ésta se lleva el primer lugar en producción de PGA. Cuando ingieres azúcar y alimentos que rápidamente se convierten en azúcares, como papas, pasteles, panes, pastas y frituras, que son carbohidratos de alto nivel glicémico, aceleras el envejecimiento. Esto, más todo tipo de dulces, cereales, azúcares de mesa y productos que las contengan, como refrescos —incluso los de dieta—, jugos de lata, jarabes de arroz, de maíz, de sorgo, de maple, de caña, así como la glucosa, fructosa y demás "osas". Por eso, como dice el dicho: "Entre más dulce tu comida, más amarga tu vejez."

GRASAS HIDROGENADAS / GRASAS TRANS. Éstas son las grasas malas que debes evitar el resto de tu vida. Te sugiero que siempre leas las etiquetas de los productos que compras e ingieres, ya que provocan inflamación, obesidad y elevan el colesterol. Las encontramos en la comida rápida, en los productos horneados de tipo comercial, como donas, galletas dulces y saladas, así como en los productos fritos. Evita la margarina, los aceites en general —menos el de oliva— y en especial los que dicen "parcialmente hidrogenado".

ALIMENTOS PROCESADOS. Estos alimentos incluyen granos refinados y todo tipo de embutidos. Muchos de los granos enteros, por lo general, son muy saludables, sólo que cuando los fabricantes los refinan, los despojan de todo valor nutricional para facilitar la producción y el almacenaje. En este rubro, te extrañará saber que el trigo, aunque sea entero, acelera el envejecimiento, ya que contiene un carbohidrato llamado amylopectina-A, que dispara los niveles de azúcar más rápido que cualquier alimento, además del gluten, del que hablaremos más adelante.

Y respecto a los embutidos, sobra decir que están saturados de sal y químicos para curarlos y ahumarlos, con lo que provocan la inflamación.

ALCOHOL EN EXCESO. Sabemos que una copa de vino, o hasta dos es saludable para el cuerpo. Mientras que el consumo rutinario o excesivo causa un gran deterioro e inflamación a nivel celular.

Recuerda, el secreto está en mantener bajos los niveles de azúcar en la sangre.

¿Cómo, el trigo no es bueno?

Paulina empezó a adelgazar mucho sin razón alguna. Extrañamente se sentía débil, se cansaba muy rápido, tenía intensos dolores de cabeza, el vientre siempre inflamado, el pelo se le comenzó a caer y las articulaciones le dolían con frecuencia. La preocupación de su familia incrementó cuando médicos, radiografías y análisis iban y venían, mientras Paulina seguía enferma y sin mejoría alguna.

Después de varios meses y de consultar a diversos médicos que se rascaban la cabeza tratando de encontrar las causas, por fin dieron con la razón de sus males: intolerancia al gluten, también llamada enfermedad celíaca. "¿Intolerancia al qué?", preguntó Paulina con extrañeza al médico. Sin embargo, cuando dejó de consumir todos los alimentos que contienen gluten, la vida volvió a brillar.

Esa nueva palabrita...

Hasta hace pocos años, muchos no habíamos escuchado ni leído en ningún lado la palabra "gluten". Hoy en día, millones de personas no se explican por qué se sienten sin energía, con ansiedad, irritables, con poca concentración, dolor de estómago frecuente, reflujo, inflamación, diarrea, constipación, o por qué tienen dolores de cabeza o migrañas, por mencionar algunos de los síntomas que nunca relacionarías con tu tracto intestinal.

Generalmente, estas personas recurren a paliativos en lugar de ir al origen y a la causa de su malestar. Además, lo menos que cruza por su mente es sospechar del delicioso cuernito, la concha o el pan tostado que desayunan todos los días.

¿Qué es el gluten?

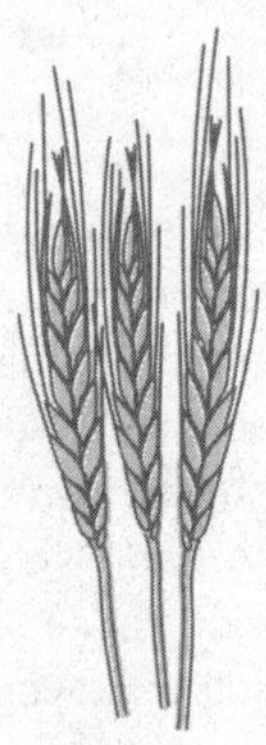

Técnicamente, el gluten es un grupo de proteínas que vienen en el trigo, en la cebada, en el centeno y en la avena. Es decir, en el pan, cerveza, galletas, donas, cereales, panqués, pasteles, pizzas y pasta, por mencionar algunos. Esta clase de alimentos resulta la fuente de muchos problemas de salud, tanto físicos como mentales y emocionales. Pero, ¿cómo es posible?, si nos habían dicho siempre que el trigo y otros cereales eran lo más sano del mundo, en especial si eran integrales.

"Para cualquier persona que busque sentirse con salud óptima, hay muy pocas razones por las cuales consumir granos en la dieta. De hecho, entre menos los consuma, mejor. Cero es por mucho lo mejor", declara la doctora Nora T. Gedgaudas en su artículo "Grains: Are they Really a Health Food?", en la revista *Well Reing Journal*.

¿Sabías que los humanos no digerimos por completo el trigo? Nuestro cuerpo se ha tenido que adaptar para tolerarlo, ya que el hombre de las cavernas sólo consumía carne, pescado, mariscos, frutas y verduras y, de hecho, muchas personas no lo toleran.

Lo que sucede es que el gluten destruye las vellosidades del duodeno —el revestimiento interno del intestino delgado— e impide la asimilación de los alimentos, además causa inflamación crónica en la zona. Por si fuera poco, el trigo contiene también una proteína llamada zonulina, que se encarga de regular la "apertura" intestinal para que las paredes del intestino delgado absorban los nutrientes.

Eso está muy bien, sólo que al producirse en exceso, lo que provoca el consumo de trigo, la zonulina "avisa" a las paredes y éstas se abren de más, permitiendo que toda clase de toxinas se absorban al torrente sanguíneo.

El aumento en la permeabilidad de las paredes del intestino delgado puede causar diversos problemas de salud.

Todos los panes y las tortillas de trigo, ya sean integral, de grano, oscuro, blanco y demás, contienen gluten. De igual manera lo contienen muchos productos que no te imaginarías, como los aderezos embotellados, los cubitos de consomé concentrado, el surimi —imitación de cangrejo—, la salsa de soya y las salchichas. Por lo anterior, es aconsejable leer las etiquetas de los productos.

Los estudios muestran que los más susceptibles a padecer esta sensibilidad son los niños, los adultos jóvenes y las mujeres.

¿Por qué no explorar la posibilidad de no consumir productos con gluten durante un tiempo para ver si hay alguna mejoría? Paralelamente se pueden realizar estudios clínicos para confirmar si somos o no sensibles a él. Consulta a un especialista.

Por lo pronto, te comparto que millones de personas también han dejado de consumir gluten por diversas razones, y la mayoría presenta asombrosas mejorías en la salud. Cada vez es más común ver en los anaqueles de los supermercados un área de productos libres de gluten. Muchas personas con esta sensibilidad comentan que no se habían dado cuenta de lo mal que se sentían, hasta que dejaron de consumir productos con gluten.

Los beneficios de eliminar el gluten

La buena noticia es que hay muchos otros cereales y alimentos que podemos consumir para sustituir los anteriormente nombrados. En lo personal hace un tiempo decidí dejar de comer todo tipo de panes, y he podido constatar que entre menos los consumes menos se te antojan. Además, adelgazas, dejas de tener el estómago inflamado y te sientes con más energía. Dicen los expertos que eliminar el trigo de tu dieta puede disminuir o revertir los signos de envejecimiento, reducir arrugas y mejorar el tono y la textura de la piel. Un día Julia Roberts en una entrevista expresó: "¿Comer pan? No, yo sólo sueño con él." ¿Será por eso que luce tan bien?

Simplemente crudo

Un estilo de alimentación para toda la vida consiste en consumir lo más posible alimentos frescos y crudos; no tienen que ser el cien por ciento de tu alimentación, sólo debes aumentar su consumo.

Comer alimentos crudos puede llegar a eliminar una serie de enfermedades, incluso la depresión. Lo anterior se debe a que al no ser químicamente procesados o calentados a más de 48°C, conservan todas sus vitaminas, minerales, fitonutrientes y enzimas, esto fortalece el sistema inmunológico. Lo anterior facilita la absorción y digestión, ya que mucha de la fibra se pierde al cocer los vegetales. Y si bien los minerales no se afectan por el calor, se eliminan con el agua de la cocción.

Cuando comienzas a incorporar alimentos crudos a tu dieta, suceden grandes cambios en tu cuerpo. Entre más alimentos crudos agregues, mayores son los beneficios.

Tu energía aumenta, tu piel se hidrata y se limpia, evitas sentir lo que se conoce como el "hambre falsa" que se presenta cuando no tomas suficiente agua. Tu sistema inmunológico se fortalece, el hígado se desintoxica y mil beneficios más: nuestro cuerpo de manera constante repara millones de células.

Al mismo tiempo, el proceso de la digestión es de los más complicados que tenemos y se realiza varias veces al día. ¿Sabías que cuando esto sucede, el cuerpo detiene el proceso de sanación? Entonces, cuando comemos alimentos fáciles de digerir, nuestro cuerpo tiene más energía para defenderse de patógenos, reconstruir tejidos y desintoxicarse.

¿Y la proteína?

Sabemos que por "crudo" consideramos todo tipo de frutas y verduras. Pero, ¿qué pasa con la proteína? Has de saber que todos los vegetales verdes contienen proteína: la espinaca, la arúgula, las acelgas, por ejemplo, tienen un contenido proteico de entre treinta y cinco y cincuenta por ciento.

Otras fuentes de proteína de calidad son el tofu, las semillas de chia, goji berries, cacao, almendras, polen de abeja, espirulina, semillas de calabaza, gérmenes y arroz salvaje, entre otros. Combinar leguminosas, semillas y cereales en una comida da como resultado el surgimiento de proteínas. Ejemplo: leguminosas —lentejas, soya, frijol y habas—, con semillas —nueces, semillas de girasol, ajonjolí, cacahuate y demás— y cereales —arroz salvaje, sarraceno.

Comer una variedad de estos alimentos al día puede proveernos las proteínas necesarias.

Es importante saber que no necesitas ser vegetariano para comer alimentos crudos, ni tampoco consumir todo crudo para recibir los beneficios. Cualquier cantidad de alimentos crudos es benéfica, sin embargo, para notar una diferencia, tu dieta debería estar constituida por ellos en al menos cincuenta por ciento. Piensa, si agregas un licuado de fruta o verdura a tu desayuno y ensaladas en la comida y la cena, vas por buen camino.

Es un hecho que la alimentación es un tema de conciencia y de amor hacia ti mismo que puede transformar tu vida. La elección siempre está ahí y es tuya. Por mi parte, si bien me encantan los alimentos cocidos, he aumentado los crudos y en verdad la energía y el optimismo hacia la vida aumentan. Te invito a probar.

El resveratrol

El vino tinto contiene una sustancia que deriva de la cáscara de las uvas rojas, llamado resveratrol. En algunos tipos de cánceres inhibe el desarrollo de tumores y prolonga la longevidad de las células. El resveratrol ayuda a la formación de células nerviosas, los expertos confían en que esto puede ayudar al tratamiento de enfermedades neurológicas como el Alzheimer y el Parkinson. Asimismo, el resveratrol afecta de manera positiva a genes que involucran el envejecimiento. Por lo que consumir una copa al día —para mujeres y dos para hombres— hace que recibamos éste y otros beneficios del vino tinto. Sobra decir que en exceso envejece.

No tengo ganas de levantarme

La vi mal. Hacía tiempo que no me encontraba con Laura, quien llegó muy pálida a la reunión. Abandonada de sí misma por completo, nos platicó que llevaba seis meses tomando antidepresivos para subir el ánimo. Sin embargo, habían hecho que subiera diez kilos de peso, lo cual la deprimía más.

"Me levanto sin energía, así que me quedo en la cama hasta pasadas las 11:00 a.m. Nada me interesa, duermo muy poco y se me ha caído el pelo. Ya no sé qué hacer", nos comentó con lágrimas en los ojos.

Con tristeza sabemos que, como Laura, 121 millones de personas en el mundo sufren depresión (según datos de la OMS). Al igual que ella, un gran número de personas con este padecimiento busca diferentes remedios, en su mayoría recurren a los antidepresivos, un recurso de fácil acceso, pero quizá no el mejor ni el único. Para médicos sin ética, es muy sencillo escribir una receta y despedirse con una sonrisa acompañada de un apretón de manos para no volver a acordarse de su paciente. Y para fortuna de algunos, esto funciona.

Sin embargo, hay teorías que apoyan la idea de tomar otro camino, como la del doctor Uzzi Reiss, autor del libro *The Natural Superwoman*. Una propuesta que ayuda a eliminar o reducir la depresión y vivir de forma más sana y plena de manera natural. Si bien la depresión es más común en las mujeres que en los hombres, también a ellos les sirve este libro.

La depresión es un asunto serio y toda decisión se debe consultar con un especialista; sin embargo, comparto contigo lo que puede ayudar a combatir la depresión de una manera natural, desde el punto de vista de Reiss.

Lo primero que sugiere es revisar los niveles de hormonas en el cuerpo, se refiere a las hormonas bioidénticas. "Son las herramientas más poderosas en el almacén de tu cuerpo para controlar la depresión." En su experiencia, el estrógeno es el mejor antidepresivo, en especial para mujeres. La progesterona en dosis bajas también puede ayudar en casos más leves de depresión. Y sugiere revisar el funcionamiento de la tiroides antes de consumir un antidepresivo.

A **CUIDA LO QUE COMES.** ¿Qué tienen que ver los alimentos con la depresión? "Mucho —nos dice Reiss. Muchas de las personas con depresión suelen ser adictas al azúcar. Además de promover la inflamación, el azúcar puede exacerbar de manera directa los desórdenes anímicos." Así que sugiere consumir en su lugar frutas y alimentos como:

PESCADOS Y MARISCOS que sean altos en ácidos grasos omega 3, varias veces a la semana.

VEGETALES DE HOJA VERDE OSCURO. Consumir en abundancia hortalizas como espinaca, col rizada —kale—, brócoli, acelgas y demás, con un alto contenido de complejo B. Todos ellos son nutrientes que elevan el ánimo.

CHOCOLATE OSCURO que sea mínimo setenta por ciento cacao y en pequeñas cantidades, ya que es alto en magnesio y ayuda a mejorar significativamente el ánimo.

SUPLEMENTOS ALIMENTICIOS. Por lo general, la dieta diaria no garantiza el suministro suficiente de vitaminas y minerales, por lo que Reiss recomienda consumir ácido fólico, vitamina B12 y vitamina D. Asimismo, se pueden tomar cápsulas de Hierba de San Juan (300 mg), que ayudan a elevar la serotonina, dopamina y norepinefrina en el cerebro, muy efectivas para tratar desórdenes de ánimo. Es benéfico el suplemento 5-HTP, en dosis de 50 a 300 mg, pues calma, relaja y reduce el apetito. Y la DHEA, una hormona que produce efectos antidepresivos. La melatonina, además de ser un gran antioxidante, ayuda a dormir mejor, entre otras cosas.

B **LEVÁNTATE DE LA CAMA.** A pesar de que sientas que el mundo entero conspira contra ti, comienza el día si quieres sentirte mejor.

C **VIGILA TU POSTURA.** La manera en que llevas tu cuerpo habla mucho de tu ánimo. Párate derecho, contrae el estómago y levanta la barbilla, esto comunica a otros y a ti que estás en control de los retos de la vida.

D **CUIDA TU ASPECTO.** Báñate y mantente fresco. Usa ropa alegre, colorida, con la cual te hayan echado flores antes. Con frecuencia olvidamos el efecto sanador que tienen tanto un baño como los piropos.

E **HAZ UN POCO DE EJERCICIO.** Cualquier actividad física, a cualquier hora y nivel es el primer gran paso para combatir la depresión. Si no tienes ganas, sal a caminar. Un poco de ejercicio es mejor que nada. Por otro lado, no exageres, ejercitarte de más te dejará exhausto para el día siguiente.

F **SOCIALIZA.** Los amigos son parte vital de nuestras vidas. No puedes permitirte desconectarte de ellos, aunque tu mente te lo pida. Entre más te alejes de tu familia y amigos, más te hundirás en el pantano. Búscalos, sal con ellos, pon tu mejor cara. Verás que tu ánimo en general será mejor que si te hubieras quedado encerrado en casa.

Nunca olvidaré una plática con Ikram Antaki, en la que me comentó que cuando estuvo deprimida por un tiempo, tenía la sensación de estar dentro de un cuarto de paredes muy altas, sin puertas ni ventanas y con el techo descapotado. Y lo peor que le podías decir era: "Échale ganas." "Simplemente no puedes", me decía, y que lo mejor era sentir que alguien estiraba la mano desde arriba para ayudarla a salir. Así que, queridos lector y lectora, desde aquí una mano a manera de información.

Cultiva tu *chi*

Los seres humanos con frecuencia olvidamos que tenemos a nuestro alcance una poderosa fuerza dada por la energía vital. Desde tiempos remotos esa energía forma parte de la vida cotidiana en las culturas orientales, en las que le llaman *chi, qi, prana* o fuerza de vida. Está en nosotros y nos llena de poder y salud. De hecho, la medicina china se basa en el equilibrio de esa fuerza vital, balance que en Occidente llamamos "homeostasis".

El *chi* es la sustancia primordial, similar a la energía electromagnética, que hace girar al mundo y mueve todo aquello que está vivo. Es lo que da sustento a todas las cosas una vez que son creadas. Basta aquietarnos, cerrar los ojos y enviar nuestra atención a cualquier parte del cuerpo para comprobarlo.

Otra forma de percibir el *chi* es: relájate y abre las manos como si en medio sostuvieras una esfera de cristal muy delicada. Ahora, lentamente comienza a reducirla de tamaño. Antes de que las manos se toquen, crece la esfera una vez más. Con los ojos cerrados continúa este procedimiento y concéntrate en lo que percibes entre las manos.

Esta energía o *chi* es la clave para la salud. Entre más te relajas, más la percibes. El asunto es que cualquier tensión en el cuerpo bloquea el flujo de energía y crea un desbalance en el sistema.

Te invito, querido lector, a que te examines en un día de trabajo. Es probable que pases varias horas encorvado frente a una computadora, mientras diversas preocupaciones ocupan tu mente. La tensión que se crea en el cuello, los hombros y la espalda es suficiente para bloquear el flujo de la energía vital en tu cuerpo. Así, el desbalance comienza. En lo primero que se manifiesta es en las emociones y los sentimientos, es decir, en cómo te sientes. Después, en la salud física.

Cuando mentalmente puedes mover el *chi* por esos puntos de bloqueo, aprendes a liberar las tensiones.

¿Cómo desarrollar el *chi*?

Relaja tu cuerpo y coloca la lengua en el paladar detrás de los dientes. Ahora inhala y exhala varias veces de manera lenta, rítmica y profunda. No hay prisa.

Los chinos dicen: primero la mente, después el *chi* y después la sangre. ¿Cómo funcionan estas premisas? Al pensar en una parte de tu cuerpo, el *chi* comienza a fluir de manera consciente. Una vez que el *chi* fluye, la sangre lo sigue.

Ahora, sentado en una silla o sillón, con los pies en el suelo, coloca tus manos dos dedos debajo del ombligo, en la zona conocida como la del *dan tien*. Si eres hombre, pon la mano izquierda pegada a la piel y la derecha sobre ella. Si eres mujer, la derecha sobre la piel y la izquierda encima. Comienza a sentir el flujo del *chi* por todo tu cuerpo.

En esta postura diriges el *chi* al *dan tien*, el principal almacén de energía en el cuerpo. Esto lo tonifica, nutre los riñones y ayuda a reducir la ansiedad y a calmarte.

Conforme más trabajas tu *chi*, más se desarrolla.

Espero que este apartado te haya proporcionado información suficiente que te anime a optar por un estilo de vida mejor.

PUNTOS A RECORDAR

1. Aprecia la libertad que te da el hecho de estar sano.
2. Cuando estás en reposo, sólo veinte por ciento de la sangre se mueve; en cambio, al hacer ejercicio, se moviliza ochenta por ciento.
3. Mantenerte joven no es un asunto de genes, sino de qué haces con ellos.
4. Tu estilo de vida determina setenta por ciento de lo que sientes envejecer.
5. Haz ejercicio seis días a la semana: no es negociable.
6. El entrenamiento con pesas es una terapia maravillosa para detener o revertir el deterioro del cuerpo.
7. A mayor consumo de azúcar, más rápido envejeces.
8. Disminuye el consumo de gluten o aléjate de los productos que lo contienen.
9. Cultiva tu *chi*, es la clave para tu salud.
10. Relájate, concéntrate en tu interior, busca la salud física y espiritual, está en tus manos, es el llamado del bienestar.

YO
decido
amarme

Nunca es tarde
para que
le enseñes al mundo
quién eres.

Robert Holden

¡Quién tuviera su autoestima!

Una niña de rizos dorados, de unos cuatro años, está parada sola, descalza y en pijama, sobre el pequeño lavamanos de su baño. Mientras se mira al espejo, dispara sus brazos empuñados al mismo tiempo que proclama con gran fuerza y convencimiento las siguientes frases: "Amo toda mi casa; puedo hacer lo que sea; amo mi pijama; amo mi escuela; amo todo; amo a mi papá; amo a mis primas; amo a mis tías; amo a mis hermanas; amo mi pelo; amo mi corte de pelo; amo mi estómago; puedo hacer cualquier cosa mejor que nadie." Una vez que la niña afirma y reafirma lo grande que es, se baja del lavabo canturreando "puedo hacer lo que sea mejor que nadie".

Al ver el video *Jessica's Daily Affirmation* en Youtube, tal vez sintamos una gran envidia. ¡Qué seguridad de niña! Sólo está consciente del bien y lo declara como un hecho. Quizá sin saber todavía que lo que hace ejerce un enorme poder sobre ella misma y su vida. Al hacer esas declaraciones con tal fuerza y convicción hace que sus dichos se refuercen y nutran, y a la larga, se manifiesten. Qué papás tan inteligentes por transmitirle esa forma de valorarse y amarse a sí misma, a su familia y su entorno. Con ese equipaje para la vida, seguramente superará cualquier obstáculo en el futuro. Viéndolo bien, no requieres más. ¿De qué sirven grandes estudios, títulos, relaciones, fortunas o habilidades, sin ese ingrediente que se llama amor por ti mismo?

Al ver el video comprendes que, consciente o no, este amor a sí misma no es una invocación, es saberse la causa, la co creadora de su tesoro interior. Y la lógica de la vida nos recuerda el ejemplo de un árbol de manzanas que da manzanas; cuando te convences de algo, ese algo se manifiesta. Y esta convicción de hacer lo que sea es como encontrar una permanente sonrisa interior que aleje o destruya todo tipo de telarañas mentales.

Quizá para algunos observadores la actitud de Jessica parezca vanidosa o soberbia. Esa manera de pensar pertenece a la generación de la posguerra, que amenazante decía: "Si te ves mucho en el espejo, se te aparece el diablo", o cosas por el estilo. Sin embargo, hoy esa visión cambió. Es vital transmitirle a los niños que enamorarse de sí mismos es lo más sano y lo más importante, porque en última instancia, ¿quién te querrá si no te quieres a ti mismo?

Lo que más admiro de sus papás es que esa seguridad en sí misma no se quedó en idea, en pensamiento, en sensación o como parte de un cuento infantil. La niña de caireles sabe que su mente es su fortaleza, su poder, la materia prima que compone todo su ser y al fin y al cabo, su vida. Todos tenemos ese poder, pero esta niña lo puso en práctica desde la temprana edad de cuatro años.

Ignoro si repite este ejercicio cada mañana, pero no estaría de más copiárselo para exorcizar los demonios, ya que un hábito de pensamiento se fija con base en repetirlo con la misma pasión que ella nos enseña, con la certeza de que sucederá aquello que declaras. Y claro, es de esta manera que todas las posibilidades se abren.

Aquello que piensas es lo que experimentas, así que ¿cómo deseas verte? ¿Sano, fuerte, atractivo, estable y con trabajo? Pues ya sabes el camino: cada mañana tómate unos minutos de quietud para crear visualmente lo que es importante para ti en tu vida; sonríe y decláralo con fuerza, como si fuera un hecho, todo lo que sueñas ser, lograr y tener.

Te invito a ver el video y aprender lo que esta niña tiene que enseñarnos sobre el poder maravilloso de la mente.

¿Qué significa amarme a mí mismo?

El de ese día fue un ejercicio muy revelador: "¿Qué es amarte a ti mismo y cómo lo pones en práctica?", fueron las preguntas del doctor Robert Holden. Las teníamos que responder en parejas durante diez minutos, mientras uno hablaba, el otro se dedicaba a escuchar, para después invertir los papeles.

Nunca me lo había preguntado y ahora te invito, querido lector, a que lo hagas. El doctor Holden llama a esta dinámica "Monólogo del amor a mí mismo". La puedes hacer con tu pareja o usar una grabadora para escucharte.

Al principio, diez minutos te parecerán eternos, sobre todo si en realidad nunca has pensado en lo que es el "amor a mí mismo". Al menos, yo no supe por dónde empezar. Sin embargo, la pregunta me abrió una gran cortina en la conciencia.

Después de mencionar "hacer ejercicio", "alimentarme y dormir bien" y "comer chocolate oscuro", ya no sabía qué decir. Y si bien esos aspectos son saludables, ni siquiera se acercan a lo que significa tener un verdadero amor por uno mismo. A decir de Holden, "el amor por uno mismo no es un verbo, es mucho más profundo que eso. No se trata de lo que haces por ti, sino de la esencia de tu ser". Veamos.

Si amar significa querer el bien, amar a alguien es querer su desarrollo pleno. Entonces, amarme a mí misma es procurar mi propio bien, mi armonía interior.

El ser incondicional

Desde el comienzo de la humanidad, los sabios, los iluminados de todas las culturas, han hablado de la existencia de ese ser incondicional, de esa luz interior que todos poseemos pero siempre olvidamos, mas nunca se va. Cada cultura o religión lo nombra de diferente manera. Por ejemplo:

- Los maestros zen lo llaman la cara original.
- Los taoístas, la roca sin pulir.
- Los cristianos, la inocencia original.
- Los hinduistas, el gozo de la conciencia eterna.
- Los alquimistas, tu oro interior.
- San Francisco de Asís, tu belleza eterna.

Asimismo, los seres humanos hemos desatendido y olvidado aquello que los sabios nos vienen diciendo desde que el hombre es hombre. Si sólo escucháramos...

Piensa, cuando haces una pregunta que incluye la palabra yo, ¿a qué yo te refieres? ¿Al yo con minúscula o al Yo con mayúscula?

El ego aparece

Decía Freud que el ego nace cuando tenemos entre cuatro y cinco años; es decir, cuando soy consciente de que tengo un nombre, una identidad diferente que me separa de los demás. Es entonces que comenzamos a crear una personalidad tanto para proteger nuestro ser interior —lo más valioso que tenemos—, como para ser aceptados en una familia, una escuela y una comunidad.

En el mismo sentido, consideremos que al nacer nos dan un nombre, decimos: "Me llamo Paola" o "me llamo Pedro", y así comenzamos a sentir la separación del otro; por ende, la necesidad de competir, diferenciarnos, defendernos y demás.

Es en esa edad que empiezo a ser consiente de que suceden cosas; por ejemplo, que me raspo y me duele, que hay calificaciones, pubertad, desamor, entrevistas de trabajo, rechazo, tráfico, multas, hipoteca y demás. Y así terminamos por crear una personalidad y convertirnos en el abrigo que nos ponemos.

Esta desconexión te hace olvidar por completo quién eres en realidad. Tu ser, tu esencia, es lo que verdaderamente eres antes de tener un nombre o una nacionalidad. Es así que puedes ir por la vida en busca de mil cosas, cuando lo que en realidad te falta y anhelas es a ti mismo. Mientras el ego susurra que nuestra personalidad no está lista, soslayamos el hecho de que el ser, la esencia, la naturaleza, que es perfectamente feliz, siempre está lista.

El amor es lo único que te libera de las máscaras, lo que te hace sentir realmente vivo. Entre más amas, más te conectas con tu poder verdadero, tu cara original. Desde ese lugar amoroso es que te permites experimentar que eres uno con el todo. Ahí descubres que el amor ya existe o preexiste, sólo necesitas la humildad de permitir que surja.

Es por eso que cuando el ego se apodera de tu mente y vives en la superficie, te sientes pequeño; sientes temores, inseguridades, surge la no autoaceptación, la poca valía personal y la sensación de vivir separado de algo, de alguien. Así comienza una búsqueda interminable de algo que pensamos está fuera de nosotros.

Hasta que con el tiempo, y por alguna extraña vía, casi siempre a través del amor, la belleza o el dolor, vuelves a conectarte con tu ser interior, tu sabiduría, tu inocencia, tu frescura y autenticidad. Eso que en realidad es un largo viaje sin distancia. Veamos a continuación:

¿Qué es la personalidad?

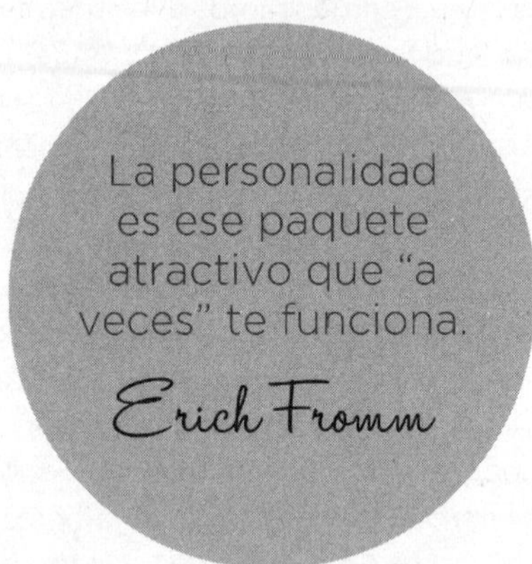

En la Grecia antigua se iba al teatro a educarse, se contaba una historia para entender la propia. Se asistía a la representación para conocer qué era la justicia, la ética, la igualdad, así como para permitir al espectador, a través de una especie de espejo, conocerse a sí mismo y construirse como ser humano.

Con este propósito, los actores usaban una máscara que con una mueca expresaba sentimientos como la tristeza y la alegría, la cual tenía sólo un pequeño agujero para abultar la voz y permitir que ésta se escuchara hasta la parte trasera del anfiteatro.

Estas máscaras se llamaban *per sona,* es decir, para sonar. La palabra "máscara" proviene del griego y significa "delante de la cara"; de ahí también la expresión "personaje".

Así, podemos decir que la personalidad es la máscara que nos ponemos delante de la cara original para hacernos oír en el mundo. Al nacer construimos una personalidad no sólo para tratar con el otro, sino para tratar con uno mismo. Cuando decimos que alguien tiene mucha "personalidad", quizá queremos decir que tiene muy arraigada su máscara y tiene que ponerse una serie de restricciones o cosméticos para lograr la aceptación de los demás.

A las juntas de trabajo, por ejemplo, suelen asistir las personalidades, los personajes, mas no quienes en realidad están detrás de las máscaras. No cabe duda que construir, proteger, justificar y aprobar una personalidad requiere mucho trabajo, ¡es agotador!; y esa máscara no es quien en realidad somos, es como la cáscara de una naranja, que nada tiene que ver con el contenido, aunque todos tengamos una. De hecho, la humanidad es una colección de personalidades. Sin embargo, bien vista, la personalidad es la invención de uno mismo, aunada a lo que el otro supone que tenemos. El peligro es que la personalidad se apodere de mi vida y se convierta en mi identidad.

Cuando observamos a nuestro alrededor conscientes de lo anterior, descubrimos la inmensa cantidad de gente triste que hay (¿estamos allí?). Como las personalidades no saben amar ni ser amadas, sentimos una nostalgia por un lugar que de algún modo nos pertenece. La palabra "nostalgia" viene del griego *nosto,* significa *regreso*, y de *algia*, que es *dolor.* Sentimos que algo falta en la vida, sin percatarnos de que somos nosotros los que faltamos, pero a menudo, debido a la personalidad, ni nos enteramos.

Nueve diferentes personalidades

Como la vida es individual, al crecer dichas personalidades buscan adaptarse al mundo. De acuerdo con los estudios del Eneagrama —que, como hemos visto, es una poderosa herramienta de crecimiento personal que estudia las personalidades y cómo éstas se relacionan entre sí; además de que nos revela de forma práctica, profunda y a la vez sencilla nueve tipos de personalidad— hay nueve formas diferentes de ver la vida, de pensar, de sentir y de reaccionar; todas con virtudes y limitaciones, mas ninguna mejor que otra. Para estudiar a fondo este tema, te recomiendo el libro *¿Quién soy?*, de mi hermana Andrea Vargas.

A continuación describo muy brevemente cada una de estas personalidades. Reconocer la tuya es un gran paso en el conocimiento personal.

PERSONALIDAD TIPO 1: EL PERFECCIONISTA. Es ordenado, íntegro, ético, estructurado, estricto, moralista y meticuloso.

PERSONALIDAD TIPO 2: EL AYUDADOR. Es complaciente, sentimental, generoso, altruista, manipulador, dependiente, servicial y compasivo.

PERSONALIDAD TIPO 3: EL EJECUTOR. Es sobresaliente, competente, activo, vanidoso, ambicioso, seguro de sí mismo, exitoso y le gusta ser el centro de atención.

PERSONALIDAD TIPO 4: EL ARTISTA. Es hipersensible, romántico, intuitivo, original, creativo, artista, temperamental, intenso y emotivo.

PERSONALIDAD TIPO 5: EL OBSERVADOR. Es independiente, perceptivo, solitario, analítico, inteligente, reservado, insensible, de mente muy clara.

PERSONALIDAD TIPO 6: EL LEAL. Es comprometido, responsable, cauteloso, trabajador, confiable, ambivalente, escéptico, ansioso, indeciso.

PERSONALIDAD TIPO 7: EL ENTUSIASTA. Es despreocupado, hiperactivo, soñador, evasivo, ingenioso, divertido, flexible, encantador, optimista, de poca disciplina.

PERSONALIDAD TIPO 8: EL PROTECTOR. Es controlador, líder, enérgico, dominante, decidido, asertivo, impositivo, poderoso y generoso.

PERSONALIDAD TIPO 9: EL MEDIADOR. Es sereno, pacifista, conformista, conciliador, adaptable, tranquilo, paciente, relajado, buen negociador.

¿Quién decide tú o el ego?

Ya que vimos cómo ese pequeño ente se ha instalado a vivir dentro de nuestro cerebro. Es ¿bueno o malo? Depende del momento, de la edad, de la situación y de la madurez de cada persona.

¿Sirve para algo? ¿Existe? ¿Es una creación mental?

Permíteme compartirte mi punto de vista. Y es que gracias a este sujeto, quizá salimos adelante, buscamos una mejor oportunidad, podemos ser competitivos, desear ciertas cosas, una mejor vida, posición, títulos y demás. Es lo que nos ha llevado a alcanzar las metas que hasta hoy hemos logrado. Por ello, no podemos declarar que es algo malo. Sólo hay que vigilarlo muy de cerca. Porque el ego es como señora de camión, empieza ocupando un pequeño espacio y termina por apropiarse de la zona por completo. Basta observar la carrera exitosa de muchos artistas famosos que se dejaron llevar sólo por el ego y terminaron con un gran vacío interior que los llevo a la auto-destrucción, a pesar de "tenerlo todo".

Dicha entidad está formada por recuerdos, pasado, autoimagen, la propia historia, factores que reunidos nos hacen concluir: éste soy yo. El ego, entonces, es la historia sobre mí que la gente identifica, una creación mental de lo que creo ser: soy mi trabajo, mi casa, mi coche, mis posesiones, mis ideas, mis creencias, etcétera.

Los egos sólo son diferentes entre sí en lo superficial, en el fondo son iguales. Lo que con frecuencia ignoramos es que son también fuente de todo sufrimiento.

Cuando comienzo a juzgar, a poner etiquetas en el otro, creyendo que ésa es la verdad, me hago insensible a su luz. Esto sólo sucede una vez que me lo he hecho a mí mismo. Es decir, cuando también ya me insensibilicé para reconocer mi propia luz y ver quien en verdad soy más allá de mi máscara, del pensamiento, de mi historia, de mis posesiones o de mi autoimagen.

Para comprenderlo, sirva la siguiente historia.

Había una vez un rey muy poderoso que mandó llamar al viejo maestro zen que vivía aislado en las montañas, pues deseaba consultar con él un tema importante. Una vez que el rey tuvo al maestro zen frente a sí, le preguntó:

—¿Maestro me puede decir qué es el ego?

A lo que el viejo respondió:

—¡Pero qué pregunta más tonta me hace! —y permaneció callado. El rey no podía creer la ofensa.

—Pero, ¡cómo se atreve a decirme eso! —le contestó indignado—. ¿Qué no sabe con quién está hablando?

El viejo sabio sólo sonrió para contestarle:

—Su majestad, eso es el ego.

Pues ese lindo personaje, para sobrevivir, requiere de alimento y de un techo. Sólo que es muy demandante. Entre más le das, más reclama. Nunca está satisfecho y hará lo imposible porque no le reduzcas el tamaño de su casa ni lo dejes de alimentar.

Y si bien, de alguna manera sí somos el lugar donde nacimos, los amigos que tuvimos, la escuela en la que estudiamos y los cuentos que nos contaron, eso no es todo. Es sólo una parte mínima de quien en verdad eres, y soy. Lo malo es cuando me creo ser ese puesto, o que valgo por el coche, el reloj o la bolsa que traigo y demás. Ahí es cuando el ego ya secuestró a la mente.

¿Qué nutre y fortalece al ego?

SENTIRSE ESPECIAL. Durante una conversación de sobremesa seguro te habrás encontrado a algún comensal que siempre es el "mata gallos". Es decir, el que no importa qué historia, viaje, anécdota se comente en la mesa, él siempre cuenta algo que está mejor y supera a cualquiera. "¿Qué fuiste a Puebla?" "Sí." "¿Verdad que es hermoso?, pero, ¿no fuiste al restaurante Las Chalupas? ¡No hombre, no fuiste a Puebla! No sabes lo que es; has de cuenta que no fuiste."

Esta búsqueda del ego por sentirse especial la conocen muy bien quienes nos anuncian sus productos en los medios. De manera directa e indirecta nos hacen sentir que si compras su producto "exclusivo", ahora sí vas a ser una persona importante, con *estatus* y demás.

El ego busca sentirse superior al otro. Si no lo logra de esta manera, buscará ser más aunque sea más miserable que los otros. "¿A ti te duele la espalda? A mí me ha dolido durante ¡un mes seguido!" o: "¿Que te pusieron un mes en cama en tu embarazo? Yo estuve ¡tres meses!" "¿Que tienes alto el colesterol? ¡Yo tengo alto el colesterol, los triglicéridos y la presión! Faltaba más..." ¿Te das cuenta?

TENER LA RAZÓN. El ego es capaz de elegir cualquier recurso con tal de tener la razón. Es por eso que las discusiones suelen escalar sin llegar a ningún lado. Mis opiniones representan mis posesiones mentales. Recordemos a Pitágoras, quien decía que sólo puedes tener la razón cuando estás solo. Cuando hay otro, tu razón se convierte en una opinión.

AMAR EL CONFLICTO Y LA QUEJA. Esto es inconsciente. Hay quien es socio vitalicio del Club de la lágrima perpetua. ¿Conoces a alguien? De todo se queja y a todos critica; de alguna manera lo hace sentirse superior o importante. Ese es el alimento que el ego necesita para sobrevivir. También necesita enemigos para reafirmarse y enfatizar la otredad de su semenjante, por lo que traza una barda. Lo hacen los países, las religiones, las razas, las personas. A través de la queja y el resentimiento el ego se fortalece.

IDENTIFICARSE CON LAS POSESIONES. ¿Has notado cuáles son las primeras palabras que un bebé aprende? "Mamá", "leche", "no" y "mío". Incluso sus primeras rabietas surgen cuando alguien más intenta quitarle su juguete: "Mío", reclama. Y es que el bebé relaciona el juguete como una extensión de sí mismo. Al crecer a todos nos sigue sucediendo lo mismo, sólo que adquirimos juguetes más grandes y caros, de alguna manera, sentimos nos dan valor.

Es importante descubrir cómo la disfunción del ego se ha amplificado con la aparición de la tecnología, la destrucción del planeta y lo que nos hacemos a nosotros mismos. Parte del mundo continúa instalado en el ego, lo vemos en las noticias, en los acontecimientos diarios. La gente está más enojada y desconectada que nunca, sin embargo, estamos en un momento de transición, como dice Eckhart Tolle; mientras que otra parte del mundo está en una búsqueda de algo con mayor sentido, significado y trascendencia.

¿Cuál es tu tipo de personalidad?

Como la vida es individual, cada persona va desarrollando desde niño un tipo de personalidad para adaptarse al mundo. Unas corrientes afirman que la perfilan nuestros padres, nuestros maestros, nuestra infancia, nuestro entorno y cómo fuimos tratados. Otras corrientes afirman lo contrario, que nacemos con un tipo de personalidad ya definida independientemente de lo anterior. ¿Tú qué opinas?

Portarse mal con uno mismo

Date cuenta de que cuando no te amas a ti mismo, el amor hacia los otros no es amor, es manipulación. Cuando no te amas a ti mismo, el que toma las riendas es tu ego. Y la creatividad del ego es asombrosa para encontrar formas de portarnos mal con nosotros mismos dentro de cada una de las personalidades. Claro, esto sucede la mayoría de las veces de manera inconsciente. Por eso ayuda ser consciente de algunas de esas conductas y observarte a distancia para tratar de cambiarlas.

De acuerdo con el Eneagrama, hay varias formas de portarse mal con uno mismo, ¿te identificas con alguna?

- **PERSONALIDAD TIPO 1: EL PERFECCIONISTA.** Cuando vivo un excesivo autocontrol, no fluyo y busco perfección en todo, tanto en mí mismo como en el mundo que me rodea. Como eso es imposible, me juzgo y critico severamente, así como a los demás. Esto me quita paz porque provoca que una voz dentro de mí me reclame de manera constante.

- **PERSONALIDAD TIPO 2: EL AYUDADOR.** Suelo estar pendiente de las necesidades y los deseos de los otros y no de los míos, con la esperanza de obtener algo a cambio, casi siempre cariño, aceptación o aprobación. Es así que no pongo límites y bloqueo mis propias necesidades y deseos. Al final del día esto me provoca un gran enojo conmigo mismo, al ver que los demás no actúan como yo.

- **PERSONALIDAD TIPO 3: EL EJECUTOR.** Trabajo, trabajo, trabajo. Vivo de prisa, pendiente del reloj y de la agenda. Ignoro a la familia y el tiempo de descanso con tal de llegar a la meta y al éxito. La satisfacción de lo anterior es como el betún de un pastel que intenta encubrir un sabor amargo, un vacío; una falta de amor a mí mismo.

- **PERSONALIDAD TIPO 4: EL ARTISTA.** Mi atención se enfoca sólo en aquello que me falta. Tiendo a ver lo negativo en lo que está cerca y lo positivo en lo que está lejos. Nada es suficiente. Emocionalmente busco estar en los extremos. El "camino medio" me aburre. Entonces surge la envidia, la comparación, la visión negativa hacia la vida.

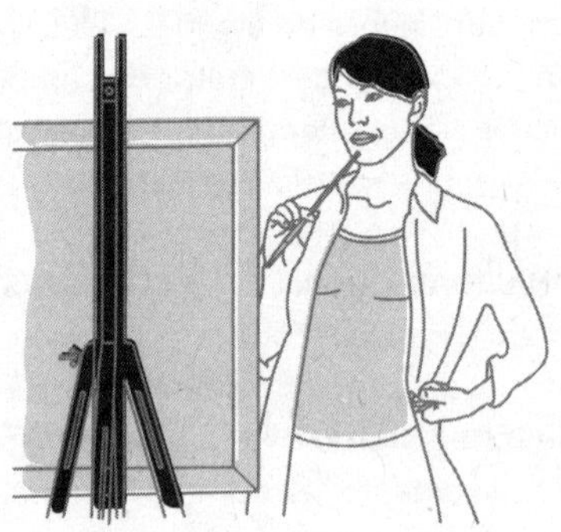

- **PERSONALIDAD TIPO 5: EL OBSERVADOR.** Me aíslo de los otros y de mis propios sentimientos. Puedo estar físicamente presente, pero mi mente está en otro lado. Me escondo detrás de una pose y me refugio en el conocimiento y la tecnología. Al final del día, esto me da una gran soledad que creía que me haría feliz, pero me doy cuenta de que no es así.

- **PERSONALIDAD TIPO 6: EL LEAL.** No confío en los otros. Vivo en la duda y el miedo por mi seguridad y la de los míos. Imagino el peor de los escenarios y para sentirme mejor vigilo y trato de controlar todo. La angustia que esto me causa me limita, me frena, me impide a dar el paso necesario para lograr mis sueños.

- **PERSONALIDAD TIPO 7: EL ENTUSIASTA.** Busco opciones, oportunidades y aventuras, pero con el afán de huir de mis limitaciones o de aquello que me duele. Y entre más estresado estoy, más busco la fiesta, el chiste, la superficialidad. Lo anterior ofrece la apariencia de que estoy feliz, pero en realidad es para disfrazar, incluso ante mí, el gran vacío interno que siento.

- **PERSONALIDAD TIPO 8: EL PROTECTOR.** Me presento como el fuerte. Busco dominar y controlar el espacio, las cosas y a las personas a como dé lugar, para proteger mi vulnerabilidad. Este exceso me aleja de las personas y de mí mismo. Y esto es sólo una máscara para encubrir lo vulnerable o quizá inseguro que en realidad me siento.

- **PERSONALIDAD TIPO 9: EL MEDIADOR.** Por evitar el conflicto, sigo a los demás, no expreso lo que siento y escondo la rabia, incluso ante mí. Y dicha rabia, poco a poco, se acumula en mi interior hasta que llega el día en que exploto como volcán ante el azoro de todos. Mi atención se va a lo secundario, a lo no esencial, para evitar la incomodidad.

Bien puede decirse que practicar cualquiera de estas formas de maltrato a uno mismo es una manera de no amarse. Y amarte a ti mismo es, en esencia, una actitud amorosa, es verte y tratarte con compasión y paciencia de la cual se benefician tú, tus seres queridos y la gente que te rodea.

Me gusta mucho una oración de Macrina Wiederkehr, una monja benedictina que dice: "Dios mío, ayúdame a creer la verdad que hay en mí, no importa cuán bella sea."

¿Qué aniquila al ego?

El ego no puede sobrevivir en la quietud, en el silencio, en el reconocerte como parte de esa divinidad de la que hablamos; así que debemos procurarla, respirar profundo varias veces al día, sentir la vida que corre por tu cuerpo y darte cuenta de que el yo que piensa no es tu yo verdadero, el cual es algo mucho más bello y perfecto que se encuentra dentro de ti. El peligro está en que el ego se apodere de tu vida y se convierta en tu identidad.

Muchos pasamos por etapas o épocas de falta de aceptación; es normal. En ellas, decirnos frases como: "No soy nadie", "no puedo hacerlo", "todo me rebasa", o nos comparamos con el otro, es rutina. Siempre existirá ese alguien que haga una o muchas cosas mejor. Así es la vida. Lo importante es compararnos y competir con nosotros mismos. Es decir, no estar conformes con cómo somos, sino con quiénes somos.

"No es cómo juzgues que..."

Ese viejo dicho de: "No es cómo juzgues que serás juzgado, sino como te juzgues a ti mismo, los demás te juzgarán", es cierto.

Esta verdad fue demostrada en un experimento que se realizó en una universidad en Estados Unidos. Te comparto.

Sesenta estudiantes que por primera vez se veían fueron divididos en parejas para que durante cinco minutos platicaran entre sí. Después, los separaron para decirles a algunos que la impresión que causaron en el otro había sido excelente, mientras que a otros les dijeron (sin ser cierto) lo contrario. Posteriormente, los juntaron de nuevo con su pareja para que discutieran algo y observar el comportamiento de cada uno.

Las señales no verbales que enviaron los que se sentían rechazados eran de poco contacto visual, mayor distancia, recargados hacia atrás, y tensos. Lo interesante es que muchas de sus parejas sin saber nada, espejearon o imitaron estas conductas y con esto se formó un círculo "trágico". Por el contrario, los que se sabían aceptados enviaron señales cálidas y empáticas, creando un círculo mágico con el otro.

Los investigadores descubrieron también que las personas con alta autoestima eran menos vulnerables a esta información manipulada. A pesar de saberse rechazados, continuaron enviando mensajes silenciosos de amistad y calidez. Entre más te aceptas, menos juzgas y más feliz eres.

El paquete completo

—Desde que regresaste de estudiar el Eneagrama en San Francisco, hace seis meses, te he notado como decaída, deprimida— me comentó Pablo, mi esposo, una vez que estábamos sentados en la mesa de un restaurante, con la hermosa bahía de Acapulco al frente.

—Sí, tienes razón, lo que pasa es que me enseñaron mi lado oscuro y es horrible— contesté.

—¿Por qué?— me cuestionó con todo amor y paciencia.

—Me dijeron, y además es cierto, que soy una persona muy vanidosa, que me gusta ser el centro de atención; que soy adicta al trabajo porque de lo único que escapo es de mí misma... en fin, no me alcanzaría el día para describirte todo lo que motiva mi depresión...

Te cuento esto, querido lector, porque la respuesta de mi esposo en ese instante, y que adoré, fue lo que me hizo salir adelante:

—Si, ya lo sabía... y así te quiero— me dijo con toda tranquilidad— pero, quiero decirte que les faltó decirte que también eres, esto y esto...

Me llenó de flores, mismas que te ahorraré, y me dijo algo que me pareció precioso y simpre lo agradeceré: "Y yo quiero el paquete completo."

Ese paquete completo lo somos todos.

Ahora veamos las mismas personalidades desde otra perspectiva; desde el paquete completo, desde el no juzgo, sólo desde la aceptación y la bondad.

- **PERSONALIDAD TIPO 1: EL PERFECCIONISTA.** Date cuenta de que tu esencia —quien en verdad eres— está hecha de amor perfecto y puro. Ignora al ego que te dice que entre más perfecto seas, la gente te amará más y te sentirás mejor. Tu idealismo y deseo de hacer este mundo mejor te convierte en una guía para los demás. Eres una persona comprometida, responsable y que vive de acuerdo con sus valores.

- **PERSONALIDAD TIPO 2: EL AYUDADOR.** Tu corazón siempre está abierto y es generoso para ayudar a los demás. El amor es lo que ocupa el primer lugar en tu lista de prioridades. Sólo hace falta darte cuenta que no tienes que generarlo; ya lo tienes, permite que salga. Eres una persona empática, ayudadora, gran amiga, positiva, que caminas del lado soleado de la calle y contagias a quienes te rodean.

- **PERSONALIDAD TIPO 3: EL EJECUTOR.** Como sueles estar tan ocupado, no te das cuenta de que no tienes que esforzarte, ni destacar, ni tener éxito para ser amado. Ignora al ego que así te lo aconseja. Relájate, ya eres en esencia amor; sólo hace falta detenerte, bajar tu ritmo para darte cuenta. Sé consciente que esa parte de divinidad ya está en ti, y es mucho más impresionante que cualquier cosa que puedas lograr en el mundo.

- **PERSONALIDAD TIPO 4: EL ARTISTA.** Date cuenta de lo creativo y de lo artista que eres. Eres mucho más que tus sentimientos. Debajo de esa nostalgia, ese enfocarte en lo que te falta, está el amor, el gozo en espera de ser reconocido. La invitación es ir realmente al fondo y que veas tu honestidad emocional. Nadie se puede expresar de una manera tan individual como tú. Nadie da un espacio, una compasión al otro cuando se siente poca cosa, como tú.

- **PERSONALIDAD TIPO 5: EL OBSERVADOR.** Date cuenta de que tus conocimientos hacen que el mundo sea mejor. Tienes la capacidad de disolver tu mente en la mente grande, en el universo. Eres innovador, inventor del mundo y lo comprendes como pocos. Te interesas por los demás; nos estimulas a ser mejores. Sabes mantener una conversación interesante; conoces y ejerces la verdadera compasión.

- **PERSONALIDAD TIPO 6: EL LEAL.** Eres una persona justa, comprometida y responsable. Muy buen amigo o amiga, la gente puede confiar en ti. Caerle muy bien a las personas es un regalo que la vida te dio. Das tu alegría a los demás. La manera de expresar tu amor es proteger a tus seres queridos, por lo que estás alerta ante cualquier amenaza.

- **PERSONALIDAD TIPO 7: EL ENTUSIASTA.** Sí, eres entusiasta por naturaleza. Tienes la capacidad de ver las posibilidades en el mundo. Date cuenta cómo la vida te ama; el amor siempre te habla, te murmura, te canta. Eres asertivo, divertido, lleno de ideas. Energizas a las personas con tu presencia. Ése es el regalo que la vida te dio. Detente, agradece; deja de buscar amor y permite que el amor te encuentre.

- **PERSONALIDAD TIPO 8: EL JEFE.** Eres una persona líder por naturaleza, fuerte, de gran presencia. Eres abierto, directo. Tienes una gran sensibilidad. Tienes la virtud de la inocencia. Tienes un corazón y una generosidad enorme. Nada te da más placer que ver despegar a los tuyos. Eres en amor, el árbol donde todos en tu entorno cercano se pueden parar. Proteges, provees.

- **PERSONALIDAD TIPO 9: EL MEDIADOR.** Eres el pacifista, el conciliador. Sabes estar presente con la gente, lo que hace posible la intimidad. Tienes la cualidad de hacer sentir bienvenidos y aceptados a todos como son. Sabes qué quieres y a dónde vas. Eres optimista y emocionalmente estable. Tu filosofía es la bondad. El amor, el gozo y la paz se hacen presentes porque tú estás presente.

¿Qué es el cielo?

¿Te lo has preguntado? Todos lo hemos experimentado aquí, en vida y tenemos nuestro particular concepto de él. En el mío, de manera reducida, es cuando te sientes uno con la vida, con Dios.

Sin embargo, a continuación comparto contigo la experiencia que un neurocientífico de Harvard tuvo, y que lo llevó a comprender la realidad de ese cielo, del que todos venimos y al que un día vamos a regresar.

¿QUÉ ES ESTE LUGAR?
¿QUIÉN SOY?
¿POR QUÉ ESTOY AQUÍ?

"Cada vez que me planteaba una de estas preguntas, la respuesta llegaba instantáneamente en una explosión de luz, amor, color y belleza que me atravesaba como una ola al reventar. Lo importante de estas explosiones era que no simplemente silenciaban mis preguntas al rebasarlas. Las respondían de una manera más allá del lenguaje. Los pensamientos entraban a mí directamente. Pero no eran pensamientos como los que experimentamos en la Tierra. No eran vagos, inmateriales o abstractos. Estos pensamientos eran sólidos e inmediatos —más fuego que el fuego y más agua que el agua— y conforme los recibía, era capaz de entenderlos de manera instantánea y sin esfuerzo. Conceptos que me tomaría años entender en mi vida en la Tierra."

Lo que acabas de leer, querido lector, es un párrafo de la increíble experiencia cercana a la muerte que vivió el doctor Eben Alexander. Narrada en su libro *Proof of Heaven*.

Millones de personas en el mundo y en la historia han tenido esta clase de experiencias. Ya los antiguos griegos habían descubierto el mundo misterioso y fascinante del más allá. Lo que hace relevante esta historia es que la experiencia es narrada por un científico que antes —como la mayoría— había menospreciado, ignorado y rechazado la posibilidad de que hubiera conciencia en otro plano de la existencia: "¡Bah!, tonterías."

Cuenta el doctor Alexander que estuvo totalmente inconsciente durante siete días a causa de una meningitis bacterial —una rara enfermedad en adultos y cuyos sobrevivientes son aún más escasos—, que daña por completo la capa externa del cerebro o neocorteza, mientras deja intactas las estructuras más profundas de éste. Este último factor hace posible asegurar que sus vivencias no fueron producto de su imaginación o alucinaciones.

Mientras estuvo en coma y los doctores veían sus pupilas como las de una muñeca muerta, él vivía la mejor y la más intensa experiencia de su vida. Aromas, vistas hermosas, sonidos maravillosos y sensaciones como la del aire en la cara, las sentía con una intensidad como nunca antes. El transcurso del tiempo no era lineal, sino eterno. Nunca supo si estuvo en ese universo un minuto, una hora o un mes.

"El lugar al que fui era real. Real en una forma que hace que la vida que vivimos aquí y ahora en comparación sea como un sueño."

Mientras me extasiaba con la descripción de su viaje a través de ese cielo real que Alexander intenta poner en palabras, me encontré con estas frases: "Que no se te olvide quién te está narrando esto. Soy un graduado con maestría en Duke University Medical School, di clases de cirugía de cerebro durante quince años en la Universidad de Harvard, como profesor asociado", nos aclara cuando la narración parece más fantasiosa. Él mismo se asombra de lo que cuenta, a pesar del rigor científico al que estuvo sometido toda su vida.

"...el lado físico del universo es una brizna de polvo comparado con la parte invisible y espiritual. Desde el punto de vista que tenía en el pasado, la palabra espiritual no era una que hubiera empleado durante una conversación científica. Ahora, estoy convencido de que es una palabra que no podemos permitirnos dejar fuera."

A pesar de narrar el desarrollo de la enfermedad desde el punto de vista de médicos y familiares —que día a día perdían la esperanza de su recuperación—, cuyo apoyo era vital para la sanación, y de explicar científicamente los procesos que su cerebro vivió, es posible notar que en cada párrafo y en cada línea nos invita en realidad a creer que el amor es la base de nuestra existencia.

Sí, su libro es una obra de amor incondicional. Ese amor que somos y expresamos entre padres, hijos, parejas y amigos es el mismo que nos envuelve sin darnos cuenta mientras leemos. Así podemos sentir que tenemos acceso a él a voluntad. Basta orar o meditar para asomarnos por una ventanita a su grandeza.

Con la lectura entendí un poco más de ese "fluir", de esa sensación de éxtasis total, difícil de explicar, que sentimos cada vez que vemos un paisaje hermoso, cada vez que nos abrazamos con la persona amada o cada vez que escuchamos música que nos eleva. Lo que en realidad experimentamos es una mínima prueba de ese gran amor que Alexander intenta describirnos y le cuesta trabajo limitar a la escasez del lenguaje verbal que comprendemos.

"...estoy convencido de que ésta no sólo es la verdad emocional más importante en el universo, sino simplemente la verdad científica más importante", escribe al referirse al amor. ¿Qué opinarán sus colegas?

Cuando terminé de leer el libro quedé convencida, comprendí en verdad que la vida no termina, se transforma; sólo es el alma, el espíritu que somos, lo que viaja a otra dimensión. El amor es asomarnos a ese espacio sagrado que he intentado describir, que si bien está en el más allá, también es parte nuestra. Leer sobre esta experiencia cercana a la muerte me quitó el miedo a ella. Me llevó a comprender más que nunca que la opción de elegir ese inmenso amor que siempre está aquí, dentro de nosotros, es nuestra. Te lo recomiendo.

"Las seis cuerdas afinadas: de mí a mí"

Para cerrar este apartado, te comparto una metáfora que me envió Luz María, una amiga que conocí a través de Twitter.

> No recuerdo si te he contado la metáfora de la guitarra... Me preparaba para abrir mi consultorio como psicoterapeuta, cuando un experimentado y guapísimo colega —todavía traigo en la punta de la nariz el olor de su loción— me preguntó: "Luz Ma, ¿conoces la guitarra?" Nunca le mencioné mi fascinación por el instrumento musical, sólo le respondí: "Sí."
>
> "Bien", me dijo y caminó por su oficina, muy seguro de sí mismo me dijo: "Para que suene bonito, armónico, debe afinarse." Asentí con la cabeza, casi muda y me limité a escuchar. ¿Y sabes Gaby? Me explicó que la guitarra tiene seis cuerdas. "Cada cuerda corresponde a cada uno de los tonos de la escala musical. Y casualmente la primera cuerda debe afinarse en el tono que lleva por nombre 'mi'. Y la sexta cuerda curiosamente debe cerrar armónicamente también en el tono llamado 'mi' es decir comenzamos en 'mi' y terminamos en 'mi'"...
>
> La metáfora me gustó para aplicarla a las personas. Para sonar en armonía y vivir la vida que deseas, es necesario tener las seis cuerdas afinadas en "mí".

¿Qué tan feliz eres?

¿En qué grado de felicidad te encuentras en esta etapa de tu vida? Si se tratara de una escala del uno al diez ¿en qué número te ubicarías?, ¿en el siete, el cuatro, el diez? Te invito a pensarlo.

Puedes tener la tentación de contestar rápido la pregunta anterior, sin dar espacio a una reflexión profunda para que la respuesta sea más acertada.

Si bien la felicidad es sólo una palabra, un símbolo de algo que tratamos de apuntar, tocar o explorar, es en esa exploración que surgen conceptos reveladores, así como conversaciones que enriquecen.

Alguna vez un terapeuta planteó a una señora voluntaria esta pregunta sobre su ubicación en la escala de la felicidad. Diez hojas de cuaderno se encontraban alineadas sobre el piso y enumeradas del uno al diez. "En el cuatro", respondió ella. Después de agradecerle su honestidad, le preguntó el porqué de su respuesta. "Porque siento que no merezco ser más feliz", dijo ella.

Si bien su respuesta nos sorprendió a los presentes por valiente y honesta, el terapeuta no se asombró y le solicitó que se parara sobre el número cuatro. Después de que ella se ubicó sobre la hoja, le preguntó cómo se sentía. La señora no tuvo fuerzas para responder con palabras, sólo se le llenaron los ojos de lágrimas.

Después, con delicadeza, la invitó a pararse sobre números mayores. Parecía como si mientras ascendía en la escala, los números emanaran una energía diferente. El ejercicio sirvió para que ella y todos los demás percibieran que con frecuencia es "mi historia", "mi pasado", "el relato de mí misma que mi mente elabora o repite", lo que nos lleva a asentar en un contrato el nivel de nuestra felicidad, y así lo acatamos.

Si a diario me peleo con la realidad, me levanto sin entusiasmo y enfoco mi atención en todo lo que me disgusta, mi mente comienza a percibir la vida en un nivel de seis, o menos. De esta manera creamos una zona que se torna familiar y después se vuelve un modo de vida. De esta forma renunciamos al poder interior de decidir nuestro nivel de felicidad, dejándolo a factores externos.

Para cambiar esta dinámica lo único que nos falta es despertar. De acuerdo con estudios sobre el tema, hay muchísimas personas que consideran no merecer o no "ser dignas" de felicidad. A otras, les da miedo aceptar ese regalo, no vaya a ser que la vida se los cobre después. Lo cierto es que a la mayoría de las personas nos asusta pararnos en el número diez, y optamos por el ocho o el nueve. ¿Por qué? La respuesta es la misma: "No siento que merezco el diez."

En el inconsciente subyace la idea de que tenemos que sufrir, trabajar o esforzarnos mucho para lograr ese honroso premio, cuando no sólo es nuestro derecho, sino que está en nuestra naturaleza.

La felicidad nunca será un asunto de merecer, sino de nuestra capacidad de disfrutar y apreciar la vida, de respirar profundo y decidir estar más presentes, más cerca del verdadero yo. Tu ser incondicional —el verdadero— ya está en el diez, ahí siempre ha estado y estará. No se trata de optimismo hueco, es una realidad que más que describir, nos toca descubrir a cada quien.

Te aseguro que son posibles dos cosas:

A elegir de manera consciente qué tan felices seremos, sin importar lo que el día presente, y

B ser feliz en un camino espiritual, es un regalo tanto para nosotros mismos, como para los que nos rodean.

La clave está en cambiar la perspectiva y decidir ser felices, en vez de buscar la felicidad de manera permanente.

Tú, ¿sobre qué número te vas a parar?

PUNTOS A RECORDAR

1. Amarte a ti mismo es saberte la causa y el co creador de tu vida. ¿Cómo lo pones en práctica?
2. Cuando no te amas a ti mismo, el amor hacia los otros no es amor, es manipulación.
3. El amor es asomarnos a ese espacio sagrado que si bien está en el más allá, también es parte nuestra.
4. El ego no sobrevive en la quietud, ni en el silencio.
5. Entre más te aceptas, menos juzgas y más feliz eres.
6. Cuando sientes que algo falta en tu vida, ve si eres tú quien falta.
7. La vibración del amor es una energía que traspasa tu cuerpo y te vuelve una persona atractiva, que ilumina.
8. Los egos sólo son diferentes entre sí en lo superficial, en el fondo son iguales.
9. No eres la máscara que utilizas para comunicarte con el mundo; eres algo mucho más hermoso y perfecto.
10. Ojo: un hábito de pensamiento se fija a través de la repetición.

YO

decido enfrentar a mis enemigos

6

En realidad
no tienes enemigos,
excepto tú mismo.

San Francisco de Asís

Estudia a tu enemigo a fondo

En el momento en que te encuentres con un reto, o una toma de decisión trascendente, enfrentarás dos grandes enemigos: los mecanismos de defensa y los saboteadores. Veámos.

¿Qué son los mecanismos de defensa?

Había una vez un señor que, después de varias semanas de dedicarse a sembrar su jardín junto al río, con árboles frutales y flores bellas, se sentó orgulloso en su terraza para disfrutar su obra.

De pronto, vio que un niño, seguido por un perro, pisaba sus plantas al perseguir una pelota. "¡Sal de ahí! ¡Fuera!", le gritó enojado. Así que comenzó a construir una pequeña barda para evitar el paso de los intrusos. Satisfecho, terminó la barda y de nuevo ocupó su lugar en su mecedora para, entonces sí, sin peligro, disfrutar de su hermoso jardín.

No había pasado mucho tiempo, cuando vio que un venado asomaba la cabeza para morder, gustoso, sus verdes setos. "¿Qué haces, tonto?", vociferó. Enfurecido, decidió elevar más la barda para impedir que volviera a suceder. Cuando se disponía a sentarse una vez más para entregarse a la contemplación, observó que una parvada se detenía para comer sus manzanas. No lo podía creer.

Frenético, decidió techar el jardín por completo para que nada ni nadie lo maltratara. Cuando sacó su mecedora y vio aquella oscuridad, carente de vida sin el sonido del agua y de los niños, sin la vista de los pájaros y los animales, entendió su error y su soledad, fue entonces que decidió tirar todo para que, una vez más, otros pudieran visitar y disfrutar, al igual que él, de su hermoso y alegre jardín.

Este cuento me gusta porque describe a la perfección lo que la psicología llama "mecanismos de defensa". Dichos mecanismos los utilizamos de manera automática para protegernos de la ansiedad, la ira, el temor, la voz de nuestra propia conciencia o de amenazas externas o internas reales e imaginarias.

¿Cuáles son?

Mecanismos de defensa son, por ejemplo, el miedo, la negación, el descaro, la evasión, la insensibilidad a las emociones, el juicio a otros, el control, el abuso de sustancias, los desórdenes alimenticios y demás.

Las defensas engañan porque nos compran tiempo, pero no alivian nuestros temores, y son, cuando mucho, una especie de curita que tapa de momento el miedo o el dolor. No te hacen más fuerte ni resuelven los problemas, sólo los agravan y te debilitan. Al tener una actitud defensiva te conviertes en un fugitivo de ti mismo y de tus inseguridades.

El miedo y el dolor nos obligan a vivir limitados. No puedes estar a la defensiva y ser libre. No puedes reprimir las emociones y sentirte pleno. No puedes esconder heridas y sentirte sano. No puedes construir una barda y sentirte conectado con el universo. No puedes cerrarte al miedo y estar abierto al amor.

¿Cuándo los utilizamos?

Los mecanismos de defensa afloran cuando percibes que una situación te rebasa. Cuando sientes "mucho": mucho miedo, mucho dolor, mucho estrés, mucho resentimiento, mucha debilidad.

Paradójicamente, cuando tienes el valor de tirar las bardas en el interior, el alivio llega. Cuando dejas ir viejas defensas, el miedo se va con ellas; cuando dejas ir la ira y la agresividad, éstas salen del sistema.

Observa en qué situaciones o relaciones te pones más a la defensiva. Date cuenta de cómo, cuando aparecen los mecanismos de defensa, surge el malestar.

La meta es manejarlos, no eliminarlos; ser más flexibles y menos reactivos. Así como hace el señor con su jardín, elimina las bardas que impiden el paso del aire, el sol y la alegría a nuestras vidas, con esto da paso a la liberación.

Deja ir esas viejas defensas, esos viejos miedos, esos viejos impulsos que hieren. Visualiza que eres una persona más receptiva, más auténtica, que piensa diferente, que se comunica diferente. E inaugura con esto nuevas posibilidades.

Tres formas de expresarse

Es importante que te hayas identificado con tu prinicipal centro de inteligencia: el cerebro, las emociones o el instinto, que vimos a detalle en el capítulo uno, para ahora conocer cómo le das salida a tus mecanismos de defensa.

De acuerdo con el Eneagrama, existen tres formas:

- **A** Los sobre expresas.
- **B** Los reprimes.
- **C** Los disfrazas o desvías.

Dichos mecanismos se presentan de manera diferente con base en el centro de inteligencia que predomine en cada persona.

A continuación te doy una breve descripción con la esperanza de que puedas idenitificarte con alguno de ellos. Hacerlo resultará muy útil tanto para tu crecimiento personal como para darte cuenta de cómo y por qué, optas por una cosa en lugar de otra.

- **A** **CUANDO LOS SOBRE EXPRESAS.** Cuando la energía surge ya sea de la cabeza, del corazón o del cuerpo —según sea tu centro dominante—, se expresa de manera directa, evidente y, en ocasiones, exagerada.
- **B** **CUANDO LOS REPRIMES.** Cuando bloqueas la energía de tu principal centro de información, puede que no te des cuenta, incluso ni siquiera la reconozcas.
- **C** **CUANDO LOS DISFRAZAS.** Cuando no quieres, no te conviene reconocer dicha energía, sueles expresarla de forma indirecta, la desvías.

Veamos en cada uno de los tres centros cómo funciona.

Los mentales

De acuerdo con el Eneagrama, las personalidades cinco, seis y siete pertenecen al grupo de los mentales. Uno va a sobre expresar la energía, otro la reprimirá y el tercero la va a desviar o disfrazar.

El tema principal para los mentales, en general, es que su hábito de pensamiento es el miedo —real o imaginario— y están siempre pendientes de situaciones en su entorno que puedan ser amenazantes. Lo interesante es que muchos no están conscientes de este miedo. Unos lo expresan, otros lo reprimen y otros lo desvían.

CUANDO LOS SOBRE EXPRESAS (PERSONALIDAD TIPO 6). Este tipo de personas mentales cuestionan todo. Temen a lo desconocido, a sentirse traicionados en algún área de su vida. Se imaginan escenas catastróficas. Cuando se enojan, se vuelven defensivos. Harán cualquier cosa para sentirse seguros y evitarán, por completo, cualquier situación que les provoque temor. Dentro de esta misma personalidad, también hay otras que curiosamente atacan al miedo al buscar precisamente situaciones que los lleve a elevar la adrenalina, como aventarse del paracaídas, nadar con tiburones, o correr un auto a gran velocidad. A este tipo de personas les cuesta mucho trabajo reconocer que, en efecto, el miedo es su principal motor.

PARA CRECER. Su trabajo es comprender que al traspasar la capa del temor, hay una gran profundidad y gozo. Suelen ser personas muy leales que, de no escucharse, pueden quedar atrapados en su lealtad; es decir, no sentir lo que sienten o no pensar por ellos mismos, sino en el grupo al que pertenecen; o bien, expresar esa lealtad hacia un maestro, un gurú, un padre, o una pareja que, paradójicamente, puede terminar en un mal lugar.

Lo vemos en matrimonios que permanecen juntos por mucho tiempo después de que la relación no funciona. O en hijos que ignoran su pasión por complacer al padre. Esta forma de sabotaje suele ser muy sutil. Su reto está en atreverse a ser ellos mismos, en descubrir qué quieren, en ser asertivos y expresar lo que sienten y lo que necesitan.

CUANDO LOS REPRIMES (PERSONALIDAD TIPO 5). Este tipo de personas suelen ser intelectuales, observadores, independientes, introvertidos y fanáticos de la tecnología.

"Pienso, luego existo" es su lema; sin embargo, hay una tendencia a quedarse en la mente. Cuando ellos se sienten saturados, invadidos o tratan de evitar el dolor, se refugian en su mente; es su defensa.

Físicamente se aíslan y mentalmente se separan por completo de las emociones hasta no sentirlas. Lo anterior no es por insensibilidad, sino por temor a perderse en ellas. Son como el agente secreto, les gusta estar en un grupo pero desde la periferia.

Hay un alejamiento interno, están, pero no están. Se sustraen a su mundo mental, para analizar y revisar sus pensamientos en la privacidad de su hogar.

PARA CRECER. El reto de los que pertenecen a este grupo es resolver la separación entre cuerpo y mente. Tener en cuenta de que entre más energía se activa en la mente, más se separan del cuerpo. Para esto, es recomendable practicar alguna actividad física, un deporte, yoga, salir a caminar en la naturaleza para contactar su cuerpo y abrir su receptividad.

Su reto está en relacionarse más con las personas, abrazarlos y contactar con sus sentimientos. Hacerlo puede ser muy retador, sin embargo, es el camino.

Cuando lo logran, cuando contactan sus tres centros, algo muy grande se abre: brillan, hay una presencia, un espíritu, una conexión que los demás perciben.

CUANDO LOS DESVÍAS (PERSONALIDAD TIPO 7). Este tipo de personas son los que más disfrutan de la vida, sin embargo, tienen una sensación de que ésta se les escapa. Su mente se va a las opciones, a las posibilidades; y su atención se mueve tan rápido que se parece a la diversidad y velocidad que internet ofrece.

Basta un clic, luego otro, para que termine en un lugar lejano a donde empezó. Para el resto de las personas es dificíl seguir este tipo de mentes que brincan y saltan con agilidad. Su frase es: "Yo estoy bien", por encima de cualquier cosa.

Cualquier situación placentera es una salida, un escape de ese temor que, en la mayoría de las veces, no están conscientes de tenerlo. Y entre menos se acercan a enfrentar el temor, más les asusta y más alejados de ellos mismos se vuelven. Entonces, para proteger dicho temor, se vuelven encantadoras, adorables, disfrazan su miedo a través de la seducción, de la diversión, de la evasión.

PARA CRECER. Como su mecanismo de defensa es su capacidad de diversión, todo lo justifican, lo racionalizan y se convencen de todo tipo de explicaciones que elaboran. Su reto está en disciplinarse, abrirse y expandirse a ver tanto el lado iluminado de la vida, como el oscuro. También estar presentes en su cuerpo, en el aquí y el ahora. Regresar a sí mismos. El miedo es como su sombra y no lo sienten, sólo actúan. Su trabajo está en contactarlo y superarlo.

Los emocionales

De acuerdo con el Eneagrama, las personalidades dos, tres y cuatro, pertenecen al grupo de los emocionales.

El tema central para ellos es la imagen, la vanidad. ¿Cómo me ven los demás? ¿Qué imagen doy? ¿Qué tanto me quieren, me admiran o me aceptan? Al igual que los mentales, los emocionales tienen tres formas de lidiar con sus emociones.

LOS QUE LOS EXPRESAN (PERSONALIDAD TIPO 2). Estas personas suelen ser muy sensibles y detectan de inmediato el estado anímico de otros. Su atención está en ayudar, agradar, apoyar, acompañar a quienes las necesiten. Lo hacen al grado de llegar a olvidarse de sí mismas, con tal de sentirse útiles, queridas o necesitadas. Pueden hacer lo anterior de manera desinteresada, o bien, con el fin de obtener algo a cambio.

PARA CRECER. Como su principal fuente de información es el corazón, son personas que aman, cuidan y empatizan fácilmente con las personas. Su reto está en estabilizar las emociones; de no hacerlo, pueden volverse personas inestables. El desafío es aprender a decir "no", escucharse a sí mismos antes de ayudar o complacer a los demás.

LOS QUE LOS REPRIMEN (PERSONALIDAD TIPO 3). Para este tipo de personas, las emociones son un estorbo en su carrera de crecimiento personal o profesional; por lo que se vuelven expertas en barrer dichas emociones debajo del tapete. "No hay problema, adelante", es su mantra. Buscan prestigio, éxito y admiración. Suelen ser muy orientados al trabajo, a sobresalir y a la competencia.

Estas personas pertenecen al grupo de los emocionales, mas no se identifican, porque simplemente reprimen sus emociones a tal grado que han creado una coraza sobre su corazón. No les gusta contactar su interior, porque hay una experiencia de no encontrar "nada"; de "tristeza" por darse cuenta de que además de mi imagen, ¿quién soy en verdad?

PARA CRECER. Como la imagen es su tema central, su mecanismo de defensa se llama identificación, todos lo hacemos. Cuando éramos chicos, veíamos a gente que admirábamos y aprendimos de ellos, queríamos ser como ellos. Sólo que este tipo de personalidad emocional lo hace con mucha frecuencia. Es decir, se meten tanto en su papel, se visten de determinada manera, que no es la suya; en verdad creen ser el papel que representan. Su reto es entrar en ellos mismos y encontrar su propia valía personal. Cuando con valor se enfrentan a ver quiénes son, se dan cuenta del gran amor y perfección que hay en su esencia. Entonces se conectan con su autenticidad y se vuelven personas más genuinas y queribles.

LOS QUE LOS DESVIÁN (PERSONALIDAD TIPO 4). Estas personas suelen expresar sus emociones a través de cualquier forma de arte. Les gusta la intensidad y la originalidad en todas sus formas. Por lo general son hipersensibles, emocionales y temperamentales.

Se comparan con otras personas y anhelan lo que ven en ellas o poseen. No se dan cuenta de su propia valía personal. Introyectan los problemas o estados de ánimo de los demás, es decir, sienten y viven los problemas ajenos.

PARA CRECER. Su idealización es: "Tengo que ser único, diferente, original"; esto los lleva a una dicotomía y se vuelven arrogantes: "Yo soy especial, tú no", por lo que buscan un significado más profundo de la vida.

No aceptan ser una persona común y corriente, eso los hace verse poco eficientes ante sí mismos o pensar que la vida es deficiente. Disfrutan vivir en una montaña rusa de emociones y ser melancólicos. Su reto está en hacer un trabajo interior y no compararse con otros; apreciar lo que tienen y amarse ellos mismos. Comprender que dentro de la estabilidad y la ecuanimidad puede vivirse intensamente. Que su felicidad no vendrá de ninguna persona o situación, sino de una reconexión con la fuente, la conciencia divina. Cuando lo hacen, se vuelve una bendición para sí y para quienes los rodean.

Los corporales

De acuerdo con el Eneagrama, las personalidades ocho, nueve y uno, pertenecen al grupo de los corporales.

Su tema principal es la supervivencia, la autoconservación y la seguridad. La ira es su mecanismo de defensa que se origina en el cuerpo y que también encuentra tres caminos de expresión.

LOS QUE LOS EXPRESAN (PERSONALIDAD TIPO 8). Son personas líderes, jefes, les gusta mandar y controlar. Son territoriales, protectores como una mamá lobo. Expresan con facilidad su enojo o su manera de pensar. Suelen ser fuertes de presencia, de carácter, no les gusta recibir órdenes de nadie, ni que las perciban débiles. Tienen que trabajar en sus relaciones. La energía que sale del vientre es muy fuerte; no se percatan de que apabuyan a los demás y provocan que la química del lugar cambie.

PARA CRECER. Como suelen ser personas obsesivas en sus hábitos, son muy productivas. El hábito en sí mismo lo usan para crear una capa de separación, para sacar las cosas, las preocupaciones de su sistema.

Son decididas en su actuar, casi no hay duda. Su cuerpo, su instinto es su faro de luz. En el momento de una decisión, no hay mucha actividad en la cabeza ni en el corazón. O si la hay, prefieren no ponerle atención. Suelen enfocarse en una tarea, lo que provoca que en ocasiones se perciban frías o parezcan no tener mucha respuesta hacia la gente.

Su reto es escuchar y atender lo que sus otros dos centros de información le dicen. Abrirse a la vulnerabilidad, a su ternura, bajar la guardia. Cuando lo logran, son personas verdaderamente encantadoras. Se convierten en grandes líderes y la gente las admira y sigue con cariño.

LOS QUE LOS REPRIMEN (PERSONALIDAD TIPO 1). Estas personas buscan mejorar y perfeccionar el mundo en el que habitan. Por ende, suelen ser inflexibles, se exigen mucho a sí mismas y a los demás. Suelen tener los hombros contraídos, los labios apretados y el cuello rígido. Detectan la falta y el error de inmediato, y si bien esto puede ser una cualidad, al límite es un defecto. Con frecuencia no se dan cuenta de que ese "deber ser" que exigen y se exigen, no es más que ira reprimida hacia un mundo que "debería ser" como estas personas lo conciben o quisieran, correcto siempre.

PARA CRECER. El crítico interno de estas personas es muy duro y severo. Es como si tuvieran un juez que las obliga a atender el "yo debo" en lugar del "yo quiero". Su idealización es: "Tengo que estar bien" y no se permiten enojarse ni equivocarse. Por ejemplo: "No quiero sacar al perro, pero lo saco porque es lo 'correcto'." Entonces redireccionan su enojo hacia el perro y serán muy severas con él. "No me doy cuenta de que no quiero pasear al perro, no estoy en contacto con lo que quiero o necesito; lo hago porque es lo correcto."

Su reto está en comprender que el mundo no es ni será perfecto, por lo que luchan contra la realidad; las cosas no suelen ser como deberían ser. El mundo no es blanco o negro, hay matices. Asimismo, deben abrirse y permitir espacio a las emociones, que suelen reprimir. Su trabajo está en perdonarse y relajarse. Es decir, rendirse a un poder superior y a sus leyes. Y ser capaces de tocar la serenidad.

LOS QUE LOS DESVÍAN (PERSONALIDAD TIPO 9). En este caso como en los anteriores, hay personas que no contactan con su enojo, sino que la ira se construye en su interior. ¿Por qué? Porque con tal de mantener la paz y armonía a cualquier precio, evitan la confrontación y el conflicto. Se niegan lo que en realidad quieren y buscan en la vida. Por ejemplo, si alguien les pregunta: "¿Quieres comer pizza o tacos?" De inmediato responderán: "Lo que tú quieras", aunque por dentro prefieran tacos; si el otro dice pizza, acceden y se quedan callados. Sin embargo, la forma de desviar su enojo es a través de la agresión pasiva o bien un día explotan "inexplicablemente" como volcán. Suelen ser percibidos como personas afables, amables, pacientes.

PARA CRECER. Ellos son a quienes más se les nota el mecanismo de defensa; simplemente se duermen. Tienen que trabajar por estar presentes en su vida diaria. Su idealización es: "Soy armonioso, estoy cómodo." Qué bueno que sean armoniosos. Sólo que cuando lo idealizan como meta: "Tengo que ser armonioso", se meten en la trampa.

Su reto es ser capaces de despertar, conectarse consigo mismos y decir: "No estoy de acuerdo" sin ser explosivos. Su mecanismo de defensa es que se adormecen. Todos evadimos el conflicto de alguna manera, pero ellos se narcotizan con televisión, comida, alcohol y más cosas.

Cuando tocan ese lugar que los despierta, después de muchos años quizá en una relación, donde no se dieron cuenta de que no querían estar, de un día para otro... se van. La clave: despertar a tiempo.

Los saboteadores

Ahora hablemos del segundo tipo de enemigo que encontraremos en la vida, en especial, cuando de tomar una decisión trascendente se trata.

Si bien, hay quien tiene la fortaleza de tomar las riendas de su vida y escoger una decisión trascendente con valor; hay quienes se sabotean consciente o inconscientemente. Por lo general, los saboteadores ignoran lo que sus fibras internas les reclaman. Sabotaje puro. Te pongo un ejemplo.

"Sé que mi esposo me es infiel, que incluso tiene otra familia. Cuando llega tarde de trabajar o me dice que tiene que viajar por su trabajo, sé muy bien que está con la otra." Me cuenta una amiga que nombraré Betty. "En muchas ocasiones he descubierto su camisa pintada; lo he visto enviar mensajes de otro celular, él me dice que es para cuestiones de oficina. Sé que es mentira. Pero, ¿qué hago? Se lo he reclamado y me dice que estoy loca, que imagino cosas. No puedo hacer nada."

Cuando vives una situación así, seas hombre o mujer —la infidelidad no es sólo asunto de hombres—, pareciera que un huracán pasó por encima de tu casa y se llevó todo: techo, muebles, adornos, incluso tu autoestima. Hay quienes reaccionan a la situación y hay quienes por determinadas circunstancias optan por no hacer nada.

Algunas formas de sabotearse más comunes, no sólo en este tipo de circunstancias sino en cualquiera que se necesite decidir con valor, son:

La víctima

La persona víctima no puede tomar una decisión, vive en el miedo y éste la paraliza. Vive en la inseguridad y se siente menos, culpable. Sola se minimiza, se hace chiquita y asume que merece el maltrato o el desprecio de los otros, porque se siente tonta, fea, gorda, pobre o lo que sea. Acepta este papel, porque cree obtener simpatía, compasión o lástima.

A través de su actitud y de su energía, el personaje de la víctima atrae a sus verdugos que, con facilidad, lo identifican y le hacen la vida imposible. Lo pueden golpear, ridiculizar o humillar. Ante la agresión, éste no se defiende, huye. Tal falta de valor le crea un enojo interno contra sí mismo y una culpa que se irá acumulando en su sistema.

Por ello, por esa falta de respeto hacia sí mismo, acepta que merece ser castigado. Esto le despierta más coraje y maldad al agresor, así como la necesidad de "darle una lección". Además, es muy probable que la ira acumulada dentro del personaje de víctima se desahogue en agredir a otros de menor rango, nivel o edad que él. Es decir, de víctima pasa a verdugo.

La prostituta

Suena fuerte y lo es porque el costo de este saboteador es muy alto. Solemos asociar esta profesión con la venta del propio cuerpo a cambio de dinero o algún favor. Sin embargo, representa también un arquetipo de la persona que al ver amenazada su seguridad, su supervivencia, su popularidad, su sentido de pertenencia, es capaz de vender su integridad, su moral, sus valores, con tal de sentirse a salvo o conseguir aquello que desea.

En la vida, tristemente encontramos ejemplos de este saboteador en matrimonios infelices, que con tal de no arriesgar una imagen, un interés, un estatus, una pertenencia, aguantan todo. Se cuelgan física o emocionalmente de una relación, tiempo atrás desencantada.

Por lo general, la falta de valor para tomar una decisión viene de una baja autoestima. Es frecuente encontrar que estas personas justifican y pretextan todo tipo de explicaciones: "Es por mis hijos", "a mi edad, ¿a dónde voy?" "No me puedo valer por mí misma" y demás.

O bien, encontramos a este saboteador en personas que no se sienten a gusto en su trabajo porque saben que el dueño, la ética de la empresa o las tácticas que utiliza, contradicen sus principios y transgreden su código moral; sin embargo, permanecen ahí ya sea por necesidad, por temor, o bien, por obtener poder, fama, o simple comodidad.

El conformista

Ante una situación adversa, incómoda, el conformista no toma una decisión. Se deja llevar por la corriente. Espera que otros decidan por él o ella. Justifica su situación con frases del tipo: "Así ha de ser." "Para qué le muevo." "Ya estaba de Dios.""Yo, ¿qué puedo hacer?" y demás. No reacciona, vive como zombi sentado en el lugar del pasajero. Por pereza se olvida de sí mismo. Asumen la postura cómoda de la mediocridad, de la indiferencia. No arriesga, no lucha ni hace valer sus derechos.

Este tipo de personaje suele buscar la autocomplacencia, el placer inmediato, que puede ser el primer paso que lo lleve a la depresión. Es común que de chicos hayan tenido alguien que les resolvió la vida siempre, lo inutilizó. O bien, que se haya sentido no visto, poco importante ante la mirada de sus padres; lo cual los llevó a borrarse a sí mismos. Dudan de sus capacidades, de sus talentos, de su potencial. En realidad no sabe qué quiere o qué necesita, por lo que tomar una decisión le resulta dificíl.

El costo de cualquier tipo de saboteador es muy alto. Sacrificarse por tratar de salvar una situación, una relación, en un principio puede funcionar; sin embargo, termina siendo una estrategia de pérdida y dolor. Si pierdes, todos pierden.

Si te sientes identificado con alguno, pregúntate ¿dónde me estoy saboteando? ¿Qué trato de obtener? Admite que tu estrategia no funciona. Confía en Dios, en la fuerza creadora, y decide ir por un camino mejor. Siempre lo hay. Imagina que el universo entero te apoya, que recibes y das vida de manera plena y que adquieres un nuevo brillo que a todos beneficia.

PUNTOS A RECORDAR

1. No puedes reprimir las emociones y sentirte pleno.
2. No puedes cerrarte al miedo y estar abierto al amor.
3. La autocomplacencia puede ser el primer paso hacia la depresión.
4. Los mecanismos de defensa suelen aflorar cuando una situación te rebasa.
5. Los mecanismos de defensa nos engañan; nos compran tiempo pero no alivian nuestros temores, tampoco nos hacen más fuertes, ni resuelven los problemas.
6. Hay tres formas de canalizar los mecanismos de defensa: sobre expresarlos, bloquearlos o disfrazarlos.
7. Sabotearte es ignorar lo que tus fibras internas reclaman.
8. No dudes de tus capacidades, de tus talentos, ni de tu potencial.
9. El costo de cualquier tipo de saboteador es muy alto: tu felicidad.
10. Siempre, escúchalo bien, siempre hay un camino mejor y exige valor tomarlo.

YO
decido
mi armonía

7

El hombre grande vive en armonía aunque no esté de acuerdo. El pequeño se pone de acuerdo, pero no en armonía.

Robert Holden

El regalo de estar presente

Eran las seis de la mañana. Recuerdo perfectamente el lugar donde sucedió. En mi vida como adulta, era la primera vez que lo sentía; una experiencia que duró segundos y aún así quedó grabada para siempre.

Estaba sola, en el aeropuerto de la Ciudad de México; me disponía a tomar un vuelo a alguna ciudad de la República para impartir una conferencia cuando sucedió, ¡vaya lugar!, me hubiera gustado contarte que fue en lo alto de una montaña o frente a un amanecer, pero no, fue en el Aeropuerto Internacional Benito Juárez. Mientras me dirigía al mostrador para documentar, sorpresivamente, en segundos, de la nada, tuve una sensación difícil de explicar, pero voy a intentarlo.

Me imagino como si en la vida diaria estuviera conectada con un cable eléctrico a alguna fuente de poder tipo casero. De ahí tomo mi energía, mi inspiración, etcétera... Bueno, pues ese día, de pronto sentí como si ese cable se convirtiera en miles de cables que juntos me conectaban a una descarga eléctrica que provenía de una fuente de alto voltaje en el universo. Fue un regalo que duró unos segundos, pero en esos instantes experimenté y comprendí el significado de las palabras: expansión, conexión y gratitud. Si bien ya había experimentado algo similar, como estoy segura de que tú también, por ejemplo, al ver un paisaje hermoso, sentir el aire en la cara o abrazar a los míos, la intensidad del momento era mucho mayor.

¿Acaso recuerdas de niño haber sentido esa misma sensación de unión con todo, cuando, por ejemplo, jugabas bote pateado con tus primos en las noches, durante las vacaciones? ¿Recuerdas? Todo era perfecto. Todo fluía, el gozo, la noche, la unión y la complicidad con los primos, el sentirte parte de... en fin, tú sabes.

Esa experiencia, como tantas otras tan placenteras que surgen de lo más profundo del ser y que vienen a nosotros como un gran regalo, llegan como el resultado implícito de estar presentes, agradecidos y en armonía con lo que haces, con quien convives, con la vida.

Ese tipo de sensaciones nunca se olvidan. En lo personal, las recuerdo perfecto. Sin estar consciente entonces, han pasado varios años desde que pude atisbar de manera consciente que esa sensación de armonía y de fluir con la vida es lo más cercano a la felicidad. Por lo anterior, es muy importante observar nuestros pensamientos e impedir que secuestren a la mente.

Lo que tu mente cree, el cuerpo lo manifiesta

Imagina por unos segundos que escuchas música deliciosa y relajante. Ahora, imagina que arrastras tus uñas a lo largo de un pizarrón y escuchas ese sonidito que eriza la piel. Ahora, imagina que sumerges tu mano en una cubeta con agua helada, llena de hielos. Y para terminar, imagina que exprimes unas cuantas gotas de limón en tu boca.

Nada de lo anterior existe. Sin embargo, tu mente produjo reacciones físicas totalmente diferentes. ¿Has notado cómo todo tu cuerpo se altera al ver una película de terror? Es curioso, porque sabes que nada de lo que ves en la pantalla es real. Esto se debe a que el cerebro no sabe distinguir entre la realidad y la ficción. Es por ello que cualquier cosa o situación que imagines, cualquier pensamiento que cruce por tu mente, provoca que tu cuerpo reaccione como si fuera real.

Ser conscientes de esa relación y recordarla constantemente es una de las claves —si no es que LA CLAVE— para lograr la armonía interior.

Permíteme compartir contigo esa vieja teoría —no por ello menos asombrosa— que nos comprueba cuán obediente es la mente.

El efecto placebo

Durante la Primera Guerra Mundial era frecuente que se terminaran las medicinas en el frente de batalla. Sin embargo, los médicos encontraron que podían aliviar y calmar el dolor de sus pacientes con un placebo —pastillas que simulaban ser efectivas—, o con la noticia de una intervención quirúrgica inexistente. Lo curioso es que un sorprendente número de pacientes que recibía ese "tratamiento" mejoraba.

Hacia 1950, la comunidad médica, a través de muchos estudios, acreditó los efectos del placebo. De hecho, cuando nos enteramos de métodos antiguos para curar, de pócimas milagrosas, de los efectos "mágicos" de un hierbero o chamán, que la medicina alópata nunca aprobaría, podemos ver el potencial del efecto placebo. Basta que la mente lo crea curativo, para que el cuerpo obedezca. ¡Es increíble el poder de la mente!

El efecto nocebo

De acuerdo con los estudios de R. H. Hahn, también existe el efecto contrario. En este caso, la mente crea consecuencias tóxicas en el cuerpo como una reacción a situaciones o causas totalmente irreales o imaginadas. En un experimento realizado a personas extremadamente alérgicas a la hiedra venenosa, se les frotó la piel con una hierba completamente inofensiva, pero se les dijo que era hiedra venenosa. A todas les salieron ronchas.

¿Te imaginas las implicaciones que tiene en nuestra vida esta relación entre mente y cuerpo? Significa que si tu mente está en armonía, si no permites los malos pensamientos y te esfuerzas en sólo ver el bien de las cosas y de las personas, tu cuerpo estará en armonía, por ende, tendrá salud. No es poca cosa.

Desde esta perspectiva, podríamos afirmar que el cielo y el infierno están aquí y ahora. Nosotros los creamos según lo que elegimos, en especial, pensar.

Como podrás ver, la armonía es un estado mental, es el cielo. Es vivir el presente, es elegir pensar y comprender que todo y todos venimos del bien y buscamos el bien. Cuando liberas a la mente de dudas, temor, preocupación, prisas, odio o estrés, surge la armonía. Y todo ese orden del universo se manifiesta en el cuerpo.

En cambio, cuando un solo pensamiento desequilibra, afecta por completo el orden interior, lo desarmoniza y, por ende, el cuerpo enferma. Es por eso que nuestra lucha personal, el campo de batalla, está en nuestra mente.

Darte cuenta de que sólo tú tienes el control de tus emociones y pensamientos es un descubrimiento. ¿Cuál es el siguiente paso? Trabajar para lograr la anhelada armonía y concentrar el pensamiento en lo que quieres que suceda, así como no creer cierto aquello que asalta tus pensamientos.

"Dejé de culparme", me escribe Rosaura a través de Twitter. "Sí, esa fue la decisión que hizo que mi vida cambiara. Dejé de culparme por cosas que no estaban en mis manos, como por ejemplo: la drogadicción y enfermedad mental de mi hermano, la leucemia de mi padre y la enfermedad de mi madre."

"Por lo antes expuesto, tomé la decisión de vivir con mis padres. Fue la PEOR decisión de mi vida; entré en depresión, no quería salir ni me sentía con derecho a ser feliz, ya que según yo tenía muchas causas para no serlo."

"Mis padres fallecieron y mi hermano tiene una familia. Decidí dejarle a cada quien sus responsabilidades y el día de hoy me ocupo de mí en primer lugar y después de mis hijos."

"Cabe aclarar que al morir mis padres también tomé la decisión de divorciarme; antes no la había hecho 'por no preocuparlos', fue al final cuando entendí que quien no era feliz era YO."

"Hoy dejé todas las culpas atrás y me dedico a tratar de ser feliz con lo que tengo, que es MUCHO: un novio que me ama e hijos felices."

Este testimonio me recordó la importancia de primero afinar mis propias cuerdas en "mi", para así brindarle al mundo todas tus capacidades.

Un acto de malabarismo

Sabemos que la armonía es tan inestable como el malabarista que cruza sobre una cuerda en las alturas.

Basta una llamada al celular, un coche que se nos atraviese inesperadamente, tener dolor de cabeza, convivir con un adolescente o pegarnos en el dedo chiquito del pie, para darnos cuenta. Como tal es un reto al que nos enfrentamos y sobre el que tenemos que trabajar todos los días.

Despertar y ser conscientes de quién controla nuestros pensamientos, en especial en esos momentos de pequeña o gran crisis, es el trabajo más valioso que puedes hacer por ti. Porque sin importar cuál sea tu actividad, tu profesión, ni cuánto te esfuerces en el exterior, si pierdes esa armonía interior, todo aquello por lo que luchaste y conseguiste, ¿qué sentido tiene? Una vida sin armonía no es vida.

Hoy sabemos que conseguir el balance salud-felicidad, da como resultado una sensación que la psicología positiva describe como "florecer", es decir, sentirte en esa armonía con el mundo, de la que tanto hemos hablado. Esto lo mides por tu grado de satisfacción, sentido y propósito de vida.

Por ejemplo, ¿sabías que una persona optimista es cincuenta por ciento menos propensa a sufrir un ataque al corazón? ¿Y que una mente con estados negativos (depresión, ira, ansiedad y hostilidad) puede incidir en la salud cardiovascular?, esto según investigaciones recientes de la Universidad de Columbia.

A veces el estrés es opcional

Para el alma no hay un tiempo más desafiante que éste. En el ajetreo cotidiano, es muy fácil entrar en el "modo automático", es decir: estresado. Es esa opción en la que dejas de escuchar la música que te agrada por contestar las llamadas del celular. Dejas de darle tiempo al hijo, a la pareja o al amigo por cumplir con las presiones que te impone el trabajo o el estudio. Dejas de ver el cielo, dejas de ir al cine, al museo o al parque, porque la mente te dice: "Sí, sí, eso de lograr armonía interior suena muy bien y sería muy bueno; pero primero, primero tengo que..." y posponemos hasta el infinito. Siempre hay algo más importante qué hacer o resolver, que vivir.

En ese trance, no te percatas de en qué medida la desarmonía afecta a tu cuerpo y a tu mente; ni cómo este desequilibrio repercute en tus relaciones. Esto hace que la vida se vuelva metódica, gris y plana; tanto en lo que se refiere a tus relaciones y tu salud como a la propia conciencia.

Asimismo, es probable que en el "modo automático" la búsqueda de "algo" te nuble la conciencia; entonces, puedes caer en comprar en exceso objetos que no necesitas, engordar o adelgazar; vivir al límite las necesidades básicas, dormir mucho o nada; no hacer ejercicio en absoluto o bien, hacerlo hasta la extenuación.

El estrés no es una enfermedad, es una invitación a cambiar algo en tu vida, ¿qué es? De las cosas que más causan estrés, se encuentran el no ser fiel a ti mismo, el no escuchar tu corazón, tus valores y lo que en realidad es importante para ti.

Te invito a preguntarte: ¿Qué me estresa? ¿A qué le temo? ¿Soy fiel a mi mismo? ¿Qué y quién me puede ayudar?

Otro punto al que hay que estar atentos es que cuando estás en el "modo automático", otros deciden la vida por ti. Sin darte cuenta, cedes tu poder a tus hijos, a tu pareja, a tu jefe, a tus amigas, a lo que los demás opinen, en fin... transitas por la vida en el asiento del pasajero.

Por lo anterior, es importante analizar...

¿A quién o a qué le cedo mi poder?

"El día de mi pedida de mano, toda la familia esperaba ilusionada la llegada de Pedro, mi novio, acompañado de mis futuros suegros, para formalizar la boda", me platica mi querida amiga Ana Paula. "Arreglamos la casa, la mesa y la cena con esmero. Pero para sorpresa de todos, mis suegros en lugar de pedir mi mano, sugirieron que atrasáramos la boda y, ahí mismo, le ofrecieron a Pedro estudiar una maestría en el extranjero. ¡Nos quedamos helados! Jamás me lo esperé. Sabía que mi suegra no estaba contenta con que su 'güero' se casara y menos conmigo, una niña cualquiera, común y corriente. Lloré tres días. A pesar de todo, a los seis meses Pedro y yo nos casamos. En la fiesta, cada vez que alguien felicitaba a mi suegra, parecía que le daba el pésame. Toda la gente se enteró de que ella no quería que la boda se llevara a cabo; no lo disimuló ni en esos momentos. Al día siguiente —continúa Ana Paula—, antes de partir a nuestra luna de miel y consciente de la relación que iniciaba con mi nueva familia, decidí escribirle una carta a mi suegra. En ella le dije que las dos teníamos en común el amor por Pedro, y que lo único que quería era ser su amiga, y varias cosas más que me salieron del corazón. Al regreso de mi luna de miel, comenzó también una nueva etapa con mis suegros. Ellos ya fallecieron, pero durante treinta y cinco años nos adoramos mutuamente; la relación siempre fue de un gran cariño y respeto."

Lo que siempre he admirado de Ana Paula es la gran inteligencia con la que supo ponerse por encima de las circunstancias. Ella tomó la decisión de no dejarse llevar por el enojo "natural", y no le cedió su poder a sus suegros. Porque en el momento en que permites que alguien te haga enojar, te saque de tus casillas, provoque que en tu pecho sientas una contracción y tu energía emane como un halo negro, ese alguien tiene poder sobre ti.

Muchos de los retos que puedes encontrarte en el camino sólo tienen como fin alejarte de ti, de tu destino: ¡vivir en armonía!

¿Vale la pena ceder mi poder?

Es un hecho que no puedes controlar al universo ni a los demás; lo único que tú y yo podemos controlar es nuestra actitud y nuestras respuestas. Ésa es nuestra tarea. Avisarte en el momento en que comienzas a sentir que el enojo amenaza con instalarse y en ese momento preguntarte: "¿Vale la pena ceder mi poder?"

Tienes que ser del tipo de personas que al llegar a un lugar lo iluminan por la armonía interior que emanan. Y cuando te encuentres ante circunstancias adversas que no están en tus manos o no se desarrollan como esperabas, la mejor estrategia es dar un paso atrás, respirar hondo y decir: "¿Qué es lo que en realidad importa en este momento?"

Además de lo anterior, en la actualidad padecemos varias epidemias de tipo mental, a las que, sin darnos cuenta, cedemos nuestro poder: "Es que no hay trabajo." "Es por la inseguridad." "Son tiempos difíciles", y por esas razones permitimos que se nos doblen las manos y se frustren nuestros sueños.

Además, lo que piensas y crees se cumplirá sin lugar a dudas. Ejerce tu poder al escuchar o leer cualquier tipo de comentarios fatalistas, mentalmente tíralos a la basura y di: "Eso no es causa para mí; yo confío en mí, en mi trabajo y en mis habilidades para salir adelante." Los resultados reflejarán lo que tu mente creó. Si te suena simple, te invito a probar para que te convenzas.

Salirse de control, cualquiera lo hace

Sí, explotar, salirse de control, cualquiera lo hace. En cambio, cuando desarrollas conciencia, en el momento del enojo, tú manejas las emociones, no ellas a ti y te das cuenta de que puedes ejercer ese poder que tienes.

En el "modo automático" es muy fácil que la voz del ego de inmediato responda: "Tengo que mostrarles que soy más fuerte o poderoso", "ganar", "vengarme", "callarle la boca a esta bola de...", todo esto son distractores de lo realmente importante: tu armonía. ¿Lo vale?

Cuando te sientes tentado a dejarte llevar por los pensamientos negativos que de inmediato surgirán en la mente, es mejor detenerte, respirar y preguntarte: "¿Vale la pena?" "Aun si gano esta batalla, el precio que debo pagar, ¿lo merece?" "¿Qué lograré con esto?" "¿Me hará mejor persona?"

Escoge tus batallas con inteligencia. El trabajo personal —a veces nada fácil— consiste en crear una intención y decirnos: "Sin importar qué suceda, hoy estaré en paz y disfrutaré de mi día."

¡A la basura!

Una de las funciones que más aprecio de una computadora, iPad o celular, es el ícono del basurero o el botón de: borrar, eliminar. ¿A cuento de que viene todo esto? A que hay ocasiones en las que, a manera de iPad, imagino tener un ícono de basurero en el cerebro, al cual envío ciertas circunstancias que no quisiera haber visto o escuchado.

Haz la prueba. Cuando te encuentres en alguna situación que te provoque rechazo, incomodidad, que sea negativa e innecesaria y te lleve a preguntarte ¿y qué hago con esta revelación?, ¿en qué parte de mi cerebro la guardo?, ¿para qué vi esto?, con una amable sonrisa en la cara finge interés, mientras mentalmente visualiza que oprimes el ícono del botecito y éste lo succiona todo y desaparece. ¡Es tan liberador!

Asimismo, en lo cotidiano, andamos con la guardia baja; esto provoca que el cerebro esté en "modo automático" y que sin notarlo, permitimos que entre todo tipo de información, en ocasiones "tóxica", para ocupar espacio en nuestra mente e impactar nuestro estado de ánimo y nuestra salud. Por lo anterior, te invito a estar atento, consciente de aquello que permea tu mente, tu estado de ánimo y tu salud.

¿Te imaginas que también el bote succione, por ejemplo, un pasado, una culpa, un mal recuerdo, una mala vibra, un rencor o todo lo tóxico?

Así que te invito a pulsar el ícono y decir "¡a la basura!":

- Cuando te topes con personas que les encanta ser portadoras de malas noticias, critican, te platican sus achaques que a nadie interesan, se quejan de todo y nada les parece.
- Cuando decides que es hora de soltar un pasado que te haya causado dolor.
- Cuando preocuparte no ayuda a solucionar nada.
- Cuando quieres liberar el estrés y la tensión que cargas en los hombros.
- Cuando tu trabajo no te gusta, no te llena y ya no estás dispuesto a fingir.
- Cuando sufres porque tus expectativas no se cumplen.
- Cuando estás frente a una rebanada de pastel de chocolate y la suma de calorías culposas vienen a tu mente, ¡disfrútalo! de vez en cuando, no pasa nada.
- Cuando te sientes incómodo al tener que hablar con la verdad.
- Cuando has dejado de hacer lo que te gusta sólo por el peso del "deber ser".
- Cuando alguien te dice: "No vas a poder."

Con fuerza grita: "¡A la basura!", para darle lugar a todo aquello que te nutre, te hace sentir bien, te conecta, te engrandece y te hace crecer. Y recuerda que los errores —tanto tuyos como los de otros—, son sólo momentos, no placas conmemorativas. A continuación te platico sobre un descubrimiento maravilloso, demuestra que cualquier urgencia provocada por el enojo tiene una ventana de oportunidad de un cuarto de segundo en la que podemos desengancharnos.

Date un cuarto de segundo es todo

El neurocirujano Benjamin Libet condujo un experimento fascinante con pacientes que, despiertos y alertas, fueron sometidos a algún tipo de cirugía del cerebro. Les pidió que movieran uno de sus dedos mientras monitoreaba electrónicamente su actividad cerebral. Ahí pudo comprobar que hay un cuarto de segundo de retraso entre la urgencia de mover el dedo y el momento presente.

Un cuarto de segundo puede sonarte muy poco pero, para el pensamiento, es una eternidad virtual. Es un tiempo más que suficiente para interpretar las cosas de diferente manera. Por ejemplo, darte cuenta de que un sonido muy fuerte no es un balazo, que un palito entre el pasto no es una víbora o que un comentario sarcástico no tiene la intención de herirte.

¿Por qué sucede esto?

Cuando el cerebro recibe un estímulo a través de cualquiera de los cinco sentidos, lo dirige a dos lugares: uno es la amígdala y el otro es la neocorteza, el lugar desde donde funciona el intelecto y el espíritu. La amígdala cerebral —se encarga de procesar y almacenar las reacciones emocionales, esencial para la supervivencia— es la primera en recibir el mensaje; es muy rápida y, en un instante, te dice si debes atacar, huir o congelarte.

La neocorteza está más lejos y los mensajes le llegan más tarde pero, a diferencia de la amígdala, ella tiene enormes poderes para evaluar y se detiene a considerar las cosas. Además, antes de reaccionar, la neocorteza se comunica con la amígdala para ver qué opina.

Lo bueno es que noventa y cinco por ciento de los estímulos que recibimos llega a la neocorteza, y sólo cinco por ciento se va directo a la amígdala. Pero, ojo, ese cinco por ciento ¡puede crear un absoluto caos! Puede desencadenar una reacción inesperada, un comportamiento ilógico e incontrolable, del cual después, por supuesto te arrepientes. De ahí, el famoso: "Cuenta hasta diez antes de reaccionar." De ignorar ese cuarto de segundo, nos convertimos en seres impulsivos, esclavos de la ira y del miedo.

La amígdala se alimenta del miedo, obstruye la razón; y al permitirle que secuestre al cerebro reiteradamente, pasa lo mismo que cuando transitas un camino con regularidad: entre más lo usas, más fácil transitas por él. ¿Conoces a alguien que explota de todo, que es irascible, hipersensible o que se deprima por cualquier cosa? Significa que la amígdala ha tomado el control.

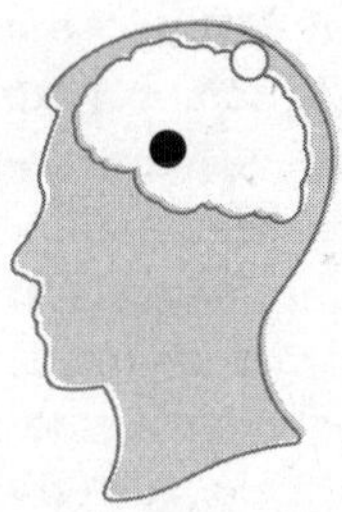

¿No te parece un gran descubrimiento saber que tienes la capacidad de alterar tu percepción y la forma en que reaccionas, por ende, existe la posibilidad de transformar la manera en que experimentas la vida y te relacionas con los demás? Como siempre, contar hasta diez y cambiar la percepción de las cosas, es algo que tú decides.

EJERCICIO

En este momento obsérvate a ti mismo desde afuera. Donde quiera que te encuentres ve a la persona que lee este libro: tú. Ahora mírate sentado donde estés, en el sillón, en la playa o donde sea, en relación con el resto del lugar. Si es un cuarto, míralo en relación con el edificio. Si es un edificio obsérvalo en relación con la calle, la colonia, la ciudad... Sitúate mentalmente como un observador que está en el espacio. Notarás que entre más amplia sea tu visión, sentirás más armonía, paz, silencio y libertad.

Partamos de que la armonía no es una cosa, no es un destino, no es un estado mental. Es el nombre que le damos a experimentar nuestra verdadera naturaleza, de nuestro verdadero ser, a la vivencia de lo que en realidad somos. Experimentas armonía —que podríamos llamar plenitud— cuando tu mente está libre de dudas, de temores, de preocupaciones, de prisas, de resentimiento y de todo lo parecido. Ese precisamente es el cielo, que desde niños tanto nos hablaron. Está a tu alcance aquí y ahora, no mañana cuando tú y yo nos vayamos de este mundo.

Procura vivir en el "no tiempo"

Desde la tumbona lo observo, suelto mi libro y, con los diferentes azules turquesa del mar como fondo, pienso: "No hay nada más que pedirle a la vida."

Mateo, de cuatro años, lleva horas jugando solo, sin nada. Le bastan la imaginación, las piedritas, las hormigas y las pequeñas varas que descubre en la blanca arena de Cancún. Me conmueve verlo. Se escucha una parvada de gansos que nos sobrevuela y él ni se inmuta. Es feliz. Nada lo saca de su mundo; vive en el no-tiempo, en el presente.

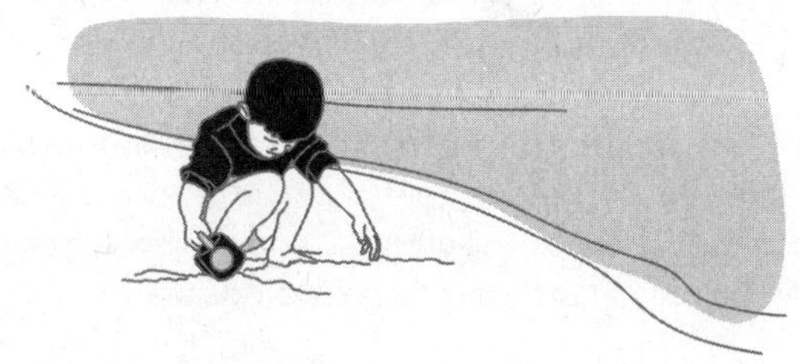

La escena me lleva a reflexionar otra vez en que los niños son grandes maestros. Pienso: "¿Qué anhelo de él en este momento?" Después de que mi mente me arroja varias opciones como respuesta, concluyo que sólo una cosa: está en paz. ¿Cómo? Está presente, es todo.

Es increíble percatarse de cómo un niño de esa edad no entiende el significado de "mañana", "al ratito" o "el sábado". Al igual que los monjes budistas, su mente no divaga del pasado al futuro: cuando juegan, juegan, cuando comen, comen y cuando se bañan no hay quién los saque de la tina. Viven en el no-tiempo.

¿Será mucho planteárnoslo como meta? Y cuestionarnos por ejemplo: ¿De qué sirven los logros si al conseguirlos pierdo la paz? Además, una vez logrado el objetivo, ¿qué sentido tiene si el costo fue acabar con tu salud y tus relaciones personales?

¿Qué necesito para lograr mi objetivo? Antes que nada, recordártelo todos los días. Así que como vimos, puedes escribir algo como: "Hoy, pase lo que pase, decido vivir en armonía", o la frase que tú quieras. Ponla en un lugar visible para verla en todos lados; cuando te levantes, te arregles, trabajes, en fin. Después, monitoréate. ¿Cómo me siento? ¿Qué me daría paz en este momento?

¿Qué tan presente estoy? Y respira... Nota que cuando algo o alguien te aburre, simplemente no estás presente.

Asimismo, ignora lo que tu mente te exige y recuerda a aquel viajero que descubrió unos rollos de papel muy antiguos enterrados dentro de un cofre en el desierto. Al desenvolverlos se extendieron tanto hacia la derecha como hacia la izquierda. En el lado derecho el viajero leía su futuro y en el izquierdo, su pasado, lo que le hacía sentir ansiedad, culpa y miedo. Sólo al cerrarlos descubrió en el centro una franja de papiro en blanco, con sólo dos palabras: "Dios es", entonces todo se hizo comprensible. Sólo en el presente la paz es posible.

¿Entonces cómo resuelvo los problemas?

Quizá pensarás, como Pablo mi esposo: "Sí, es muy fácil decirlo, pero mi trabajo me obliga a pensar en el futuro. Ésa es mi obligación." O bien, cuestionarte: "¿Y entonces cómo resuelvo los problemas?"

Sabemos que la mente puede ser una fiera sin control, sin embargo, como hemos mencionado, ahí está el trabajo. Rumiar la preocupación sólo te desgasta energéticamente y aumenta la ansiedad. Cuando te suceda, comparto contigo un ejercicio que, en lo personal, encuentro muy útil.

Concéntrate en el presente y si es necesario planear alguna estrategia a futuro, dedica un tiempo específico de tu día para hacerlo; no permitas que un tema secuestre tu mente las veinticuatro horas. Como si la angustia, la preocupación o la culpa ¡ayudaran en algo!

RECUERDA QUE:

Preocuparte es sufrir en el presente; no ayuda ni arregla nada.

- Preocuparte roba tu energía.
- Preocuparte es el gran pasatiempo del ego.

- Preocuparte bloquea tu creatividad.
- Preocuparte refuerza al miedo y al peligro.
- Preocuparte te vuelve manipulador.
- Preocuparte es atacarte.
- Preocuparte mata tu felicidad.

EJERCICIO

Cierra los ojos, imagina que un ángel, Dios, o quien tu desees, te levanta literalmente el peso del problema que cargas sobre los hombros y se lo lleva. Siente el alivio de saber que no estás solo. Ahora, visualiza cómo la situación tarde o temprano se dará como lo deseas. Contacta esa paz interna que siempre ha estado, está y estará dentro de ti. Ese lugar donde adquieres visión, perspectiva y proporción de las cosas. Esto evitará que tomes una decisión basada en el temor, siempre será una mala decisión.

Invierte tu tiempo en crear mentalmente lo que sí quieres que suceda, en lugar de lo que temes. Enfócate sólo en eso, siéntelo como una realidad y... confía.

En la vida siempre habrá problemas y presentará retos, es un hecho. Por lo que más vale intentar enfrentarlos desde otro lugar. Ese lugar donde tu energía es otra y tus decisiones serán tomadas con mayor serenidad y conciencia.

RECUERDA:

- Lo de afuera no cambia,
  lo que cambia eres tú.
- No hay problema que
  no tenga solución.
- Siempre hay otra forma
  de ver las cosas.

El ingrediente básico: tiempo

Dicen los sufíes que no puede haber un dios en ti, si no estás en paz. Así de simple. Y para estar en armonía, lo que necesitas es: tiempo.

Observa, un hombre tranquilo lo que tiene es tiempo. Es fácil de concebir, sólo imagina que a tu día le añadieras cinco o diez horas para realizar sin prisas todas tus actividades; habría mayor tranquilidad en tu vida, ¿cierto?

Suena sencillo, sin embargo, aplicarlo a la realidad no siempre es fácil de lograr. Recordemos a Nietzsche, quien decía que lo más erótico que puedes darle a una relación es tiempo.

Hagas lo que hagas, si lo haces con tiempo, lo haces mejor. Y la satisfacción de lo bien hecho es precisamente lo que te hace vivir en paz contigo mismo. Ojo: no importa si el resultado de aquello a lo que dedicaste tiempo es bueno o malo, mejor o peor; lo importante para sentirte tranquilo es saber que pusiste todo el corazón y diste lo mejor de ti en aquella tarea.

Por otro lado, te sucederá que a veces tienes el tiempo y lo desperdicias, no haces con él nada que te satisfaga. Sin embargo, si tienes la actitud adecuada para tus propósitos, te organizas, buscas el tiempo y lo aprovechas, a cambio la vida te regala la oportunidad de sentirte en paz.

Estás de acuerdo con que nadie puede vivir en paz si no está satisfecho consigo. La insatisfacción hace que tu vida se convierta en antivida. Al vivir así, todo lo que harás será un intento por encubrirla, disfrazarla o negarla, por lo que es probable que busques el control, el poder y causes daño al otro.

Me gusta este concepto de paz de los sufíes porque es completamente diferente al que nos ha enseñado la tradición judeocristiana. En la judeocristiana, detrás de un hombre pacífico puede estar la apatía: "No me importa", "a mí déjenme en paz", como esencia. En cambio, en el sufismo no; según sus preceptos tienes que moverte, actuar, entregarte, dar lo mejor de ti para que haya una satisfacción.

Y es precisamente de esa satisfacción, que surge el enamoramiento. Te enamoras de ti mismo, lo que te lleva a estar satisfecho y, por ende, a sentirte en paz. ¿No es precioso?

Tu energía... un acordeón

La ciencia ha demostrado que todo en el universo, incluyendo nosotros los seres humanos, estamos hechos de energía. Esto no es noticia. Lo que me parece interesante es aceptar que tu energía se expande o se contrae constantemente como si fuera un acordeón que te afecta más de lo que te imaginas.

Como en lo cotidiano solemos deambular por la vida en piloto automático, me parece importante advertir ¿qué y quienes te expanden, así como qué y quiénes te contraen?

Haz la prueba

Para comprobarlo, te invito a hacer un pequeño ejercicio: párate derecho, hecha los hombros hacia atrás, abre tus brazos todo lo ancho que puedas, inhala profundamente, levanta la cara y sonríe. Cierra los ojos y date cuenta de cómo te sientes.

Es muy probable que vengan a tu mente palabras como abierto, libre, pleno, ligero, feliz. Esto es expansión.

Ahora, agrega el recuerdo de algún momento placentero de tu vida, un viaje, el abrazo de tu pareja, en alguien a quien amas, admiras o disfrutas de su compañía. Observa, ¿qué sucede? Como puedes comprobar, cada vez que te sientes feliz, tu energía se expande, te inunda y traspasa tu cuerpo como los rayos del sol.

Si durante esos momentos de felicidad estuvieras conectado a los instrumentos que detectan las diversas funciones del organismo, podría registrar lo siguiente:

- El estrés desaparece.
- Tu energía se expande.
- Todo en tu sistema funciona mejor.
- La absorción de oxígeno aumenta.
- Los vasos sanguíneos se dilatan.
- Tus músculos se relajan.
- Los latidos de tu corazón son suaves y rítmicos.
- Las funciones cerebrales se optimizan.

En cambio, ahora joroba tu espalda, encoge los hombros, crúzate de brazos, aprieta los puños, frunce la frente y agrega el recuerdo de alguna experiencia desagradable.

¿Cómo te sientes? Si estuvieras conectado, verías que los resultados son:

- Los músculos se tensan.
- Vienen a la mente sensaciones de ansiedad y pesadez.
- La respiración se vuelve corta, acelerada y superficial.
- La circulación sanguínea se restringe.
- Las hormonas del estrés se elevan notoriamente.
- Tu sistema inmunológico se deprime.
- El riesgo de infecciones y enfermedades se eleva.

Todo pensamiento provoca un cambio químico en tu cuerpo. Comprobarás que todas las emociones negativas como miedo, envidia, enojo, tristeza, celos y demás, te contraen físicamente y literalmente bloquean el flujo de la energía. Esto es lo que básicamente experimentamos cuando consentimos pensamientos negativos.

Si lo detectas en el momento, impídelo, respira hondo y ábrete a la buena vibra, a la paciencia y a tu buen modo. Procura intencionalmente en tu vida diaria rodearte de todo aquello que expande tu energía. El bien que esto te provoca te puede parecer poca cosa; créeme, no lo es. ¿Sabes qué es o quiénes lo son? Rodéate de lo positivo.

No olvides que el estrés es una invitación a cambiar algo en tu vida. ¿Sabes qué es?

Esas visitas incómodas

"Me peleé con mi esposo. Eran las once de la noche y estaba muy enojada. No quería que mis dos hijos pequeños se enteraran. Me sentí muy valiente y decidí salirme a esa hora. Así que saqué el coche. La verdad, me moría de miedo. Tenía unas ganas tremendas de llorar. Pero, ¿a dónde podía ir?, ¿a casa de mis papás? Imposible. ¿A un bar, restaurante o café? No, me sentiría muy insegura. Pero se me prendió el foco: ¿En dónde puedo desahogarme tranquilamente? ¡En Gayoso! Gaby, no sabes la llorada que di y a nadie le pareció extraño. ¡Qué alivio!", me cuenta Lupe, una querida amiga.

Nos defendemos de ellas, aunque son inevitables. La falta de sueño, la mandíbula apretada, los hombros y el cuello contraídos. Un nudo en la garganta, un agujero en el estómago, la presión en el pecho. Esa sensación "chistosa" que queda en el vientre al término de una conversación incómoda. Todo lo anterior molesta, incomoda y estorba. Se trata de las emociones. Esas visitas misteriosas y profundas que llegan sin aviso. Ellas quieren hablar, decirnos algo. Y, por lo general, las reprimimos. En nuestra agenda del día no hay espacio para ellas.

Se nos dificulta comprender que no se trata de tener un espacio en la agenda para las emociones, sino que las emociones son nuestra agenda.

Pelearnos con la realidad es una batalla que perdemos de antemano. Al no reconocer los sentimientos, tarde o temprano estos buscan salida: o nos enfermamos o un día explotamos de la nada, como un volcán, en el momento y con la persona menos indicados.

Lo que es un hecho es que las emociones no desaparecen al oprimir la tecla "eliminar", como lo vimos anteriormente o como lo hacemos con un texto en la computadora. Éstas necesitan ser abrazadas, aceptadas y sentidas. Es la única forma en que encuentran salida.

Ojo con los distractores

"Casualmente", en esos incómodos momentos en que recibimos la visita de las emociones, llegan convenientes paliativos que nos distraen de la sensación: el trabajo, el sonido de la radio o la televisión, las redes sociales, la comida, la llamada al celular, los chocolates, las compras, los correos electrónicos o las desveladas con los amigos que "alivian" el sentimiento que perturba. Sólo que aquello que tratas de evitar, tarde o temprano te invade.

El otro día, al término de una conferencia que di, se acercó una joven a decirme: "Gaby, ¿por qué mientras te escuché a ti y la música que nos pusiste, todo el tiempo sentí ganas de llorar?" "Porque quizá traes atorada alguna emoción que pide a gritos que la reconozcas y la valides. Con seguridad la has evadido... Llorar es muy bueno, te da libertad y, sobre todo, transmutas la emoción. Mientras no lo hagas, la emoción pedirá a gritos que la escuches o se hará escuchar", le respondí.

Al comentarle lo anterior, le hablé con conocimiento de causa. Lo he vivido. En lugar de aceptar el caos, la incomodidad y darle la bienvenida para transformarla, me he convertido en escapista del sufrimiento. Así, bloqueo y guardo la sensación incómoda en el cajón bajo llave, para después narcotizarme con los distractores mencionados. La única ventaja es que hoy, me doy cuenta y procuro enfrentarla.

¿Hace cuánto tiempo no lloras? Te lo pregunto, querido lector, porque quienes reprimimos las emociones vamos por el mundo como en un barco —que representa la cabeza, el pensamiento— y que arrastra una ancla muy pesada —que son el corazón, las emociones. Como podrás imaginar, el barco no puede avanzar, sólo dar vueltas en un círculo.

La única forma de levantar el ancla y avanzar es alinear la cabeza y el corazón. Sentir qué siento, ¡vaya tarea! Esto hace que la emoción transmute, que salga para que puedas reconocerla, aceptarla y honrarla. Existen varias formas de hacerlo: llorar —es sanísimo—, hablarlas, gritarlas al aire, escribirlas para después romper las hojas —lo que suelo hacer— o expresarlas mediante el arte.

Hacer lo anterior es como lavar el piso de toda la casa. Es la forma en que aseas tu interior. Si por fuera nos bañamos todos los días, ¿por qué no hacerlo por dentro? Es muy saludable.

La propuesta que te hago es: date un espacio para cerrar los ojos y reconocerte: "¿Qué siento frente a esto?" Y sé brutalmente honesto en la respuesta. "¿Que es incómodo?" Sí. "¿Que duele?" También. Sin embargo, es la única forma de hacer limpieza profunda, para sentirte bien, en paz.

Sí, las emociones son nuestra agenda...

Cuando no está en tus manos

Cierto, también habrá ocasiones en las que la vida nos sorprenda y nos tocará aceptar una situación que no está en nuestras manos resolver y rendirnos ante lo inevitable. Es una tarea inútil tratar de pelearnos con la realidad. En esos casos, habrá que doblar las manos y rendirse a la situación. Eso no quiere decir que no hagamos nada para cambiar las cosas en un futuro, pero el hecho de partir desde la aceptación hace la diferencia. Las mayores lecciones vienen al tener el valor de confrontar aquellas cosas que te quitan la paz.

"¿Sabes Gaby?", me cuenta Luz María, "me cuesta hablar de mí misma, pero contigo haré un mega esfuerzo. Hay tres cosas que me han marcado en la vida: perder a mi mami, cuando tendría unos cuatro años. Mamá murió muy joven, de tan sólo veintitres años. Se casó a los diecisiete, ella era de familia acomodada, acaudalada pues, y se enamoró de su maestro de matemáticas en la secundaria —mi papá, de familia humilde—, joven soltero."

"Muchos años después perdí a papá y eso sacudió mi alma... No tengo palabras para describirte lo que sentí entonces, ni lo que siento ahora... Creo que ya he aprendido a vivir con su ausencia... Siempre presente."

"Después perdí también mi matrimonio. No te cuento detalles porque es muy triste perder todo en la vida y todo lo demás también... Y quedarte sin nada después de haberlo tenido todo... Todo. Muchas decisiones las tomé yo y sólo yo... Lo asumo. Decidí decidirme, tomar el timón de mi barca a punto de naufragar. Gaby, ha pasado el tiempo y mi barca navega 'sin novedad, mi capitán, vamos ¡viento en popa!' Asumí las consecuencias de mis decisiones... no sin contratiempos, pero sentí tranquilidad, porque di lo mejor que pude... Y al paso del tiempo he sentido que alguien estuvo en mi lugar todos esos años. Ésta ha sido la decisión que ha dado sentido a mi vida."

"Hoy no soy la misma, mi vida no es ni puede ser la misma... Estoy decidida a hacer de este día el mejor de mi vida y así cada segundo que Dios me permita navegar por este océano azul hermoso que es la vida... ¡Tiiieeerra a la vista! ¿O es el paraíso?"

Gracias, Luz María, por compartirnos tu experiencia.

PUNTOS A RECORDAR

1. Las experiencias placenteras llegan como resultado de estar presentes.
2. El cerebro no sabe distinguir entre realidad y fantasía.
3. El efecto placebo: basta que la mente lo crea curativo para que el cuerpo obedezca.
4. El efecto nocebo: la mente crea consecuencias tóxicas en el cuerpo como reacción a causas irreales o imaginarias.
5. El cielo y el infierno los vives aquí y ahora, de acuerdo con lo que piensas.
6. El estrés es una invitación a cambiar algo en tu vida.
7. Entre las cosas que más causan estrés, está el no ser fiel a uno mismo.
8. Cuando sientas que el enojo o los pensamientos negativos amenazan con invadirte, pregúntate: ¿Vale la pena ceder mi poder?
9. Oprime mentalmente el ícono "basura", cuando te encuentres frente a una situación que te provoca rechazo o negatividad.
10. Preocuparte es sufrir en el presente, y no ayuda ni arregla nada.

YO
decido con quién y cómo me relaciono

8

El verdadero amor es una amistad con momentos eróticos.

Antonio Gala

¿Hablar? ¿Callar? ¿Mentir?

"¡Riiiiiing!" Eran las tres de la mañana y el celular sobre el buró despertó a Ana, quien extrañada y exaltada por la hora contestó de inmediato. Rápidamente se metió al baño para no despertar a su marido. "¿Bueno?, ¿bueno?" Silencio... Vio la pantalla y descubrió que la llamada provenía del esposo de su mejor amiga. "¿Bueeenoo?" "Jajaja" se escucharon las risas de una pareja al otro lado de la línea. De inmediato se oyó el sonido de la puerta de un coche que se cerró al mismo tiempo que se escucharon besos, palabras románticas y seductoras de una pareja enfiestada. Ana reconoció claramente la voz de su amigo; mas la otra voz no era la de su amiga. El corazón se le paralizó: "¿Cuelgo?, ¿no cuelgo?"

Lo primero que a Ana le llegó a la mente con enorme indignación fue la imagen de su amiga con un embarazo de cuatro meses y sus dos hijos pequeños en casa.

Movida por la curiosidad y llena de coraje, Ana continuó a la escucha durante una hora más, hasta que Luis, su marido, descubrió la situación y la obligó a colgar el teléfono.

Esa noche Ana ya no pudo conciliar el sueño. Pasaron dos semanas y el conflicto interno la perseguía día y noche: "¿Le digo a mi amiga o no le digo? ¿Qué es lo correcto? ¿Si yo fuera ella, me gustaría saberlo? Sí, ¡claro que sí!... No, mejor no."

Éste es un ejemplo de los dilemas en los que seguramente, tanto tú como yo, nos hemos encontrado alguna vez: ¿Hablar, mentir o callar? Estas encrucijadas no necesariamente son de vida o muerte, pueden tratarse de una infidelidad, de una pregunta con mayor trascendencia como: "¿Me amas?", de una más inocente: "¿Cómo me veo con este vestido?", o de una profesional del estilo: "¿Cómo viste mi presentación en la junta?"

La experiencia nos demuestra que aquello de "La verdad los hará libres", en realidad al único que libera es al que la dice, porque aunque no cabe duda de que los secretos pesan y pesan mucho, pues buscan desesperadamente la salida como entes prisioneros, al ver la luz muchas veces acarrean serias consecuencias y después viene el arrepentimiento. Al mismo tiempo, la verdad puede dañar y dañar mucho; y lo más probable es que, al liberarnos de ella, hundamos a la otra persona. Muchos hemos sentido el agujero en la panza al escuchar la frase: "Te voy a decir la verdad..."

Dos visiones diferentes, ¿tú qué harías?

Te invito a preguntártelo. Antes de responder es importante consultar con tu cuerpo, como lo vimos al inicio del libro. ¿Cómo se siente la decisión? El filósofo Emmanuel Kant decía que nunca —bajo ninguna circunstancia—, aun si se tratara de proteger a un amigo, había que mentir. "Moralmente es algo malo. Sin excepción ni excusas. La verdad ante todo", "no mientas, punto" era su filosofía. Para él, la verdad es una obligación moral sin importar *las consecuencias ni las circunstancias*. Lo contrario puede dar lugar a un principio por el cual todos podríamos mentir cuando así conviniera.

En contrapunto con la visión de Kant, está la idea de los sufíes, cuya filosofía es: "En una relación, la *honestidad* está por encima de la *verdad*." Es decir, lo más importante es cuidar el corazón de una persona. Si con la verdad te daño, mejor me callo; y ante la duda, lo mismo. La honestidad para ellos describe el amor espiritual, no daña y está por encima de una verdad egoísta. Nos invita a olvidarnos de la escala de la verdad: no puede haber relación entre decir la verdad y ser honesto.

Si has dañado a alguien con la verdad, ¿por qué no pedir una disculpa? Nunca es tarde y verás el bien que a los dos les hace. De eso, nunca te arrepentirás.

La honestidad está en cada uno de nosotros y tú eres el único juez. Lo que está de fondo y lo que nos debe concernir es no dañar a nadie. Si te dedicas a cumplirlo, trátese de la naturaleza, de tu ciudad, de los animales o de las personas, implícitamente estarás amando. Y ésa es la meta del ser humano. A este mundo venimos a gozar, a hacer gozar sin dañarnos y sin dañar al otro. ¿No crees?

Entonces, ¿Hablar? ¿Callar? ¿Mentir? ¿Decir la verdad?

El amor también es una decisión

El momento en el que una pareja toma la decisión de pasar el resto de su vida unida —al menos es la intención— es muy importante escuchar lo que los tres centros de inteligencia que vimos en un inicio nos dicen: la cabeza, el corazón y el instinto. Ésta es de las decisiones más importantes de nuestra vida, si no es que la más importante. Simplemente, decidimos qué tan fluida o atropellada será nuestra existencia y la de nuestros hijos.

Te cuento. Al aceptar casarme con Pablo, me colmé de dudas. A los dieciocho años tenía la cabeza llena de frases del tipo: "¿Será la decisión correcta?, ¿será Pablo el hombre de mi vida?, ¿lo amo lo suficiente para pasar el resto de mis días con él y formar una familia?"

Cuatro años de novios no parecían suficientes para responder estas dudas, sin embargo, de modo extraño, sabía que tomaba la mejor decisión de mi vida.

La gran decisión

Cuando eres joven es fácil que la cabeza se deslumbre con temas que en su momento parecen relevantes: "Es el más popular de los amigos", "es muy guapa y simpática", "tiene un buen trabajo y solvencia económica", "es de buena familia" y demás.

Asimismo, el corazón puede enajenarse con detalles de romanticismo, de personalidad, de creatividad que, si bien son importantes, carecen del peso suficiente.

En mi experiencia, lo que más cuenta es escuchar la sabiduría del cuerpo. Ese clic de la ranita que responde a las preguntas: "¿Qué siento? ¿Cómo me siento con él? ¿Qué veo a futuro?" Y una vez tomada la decisión, cultivar la fina trama de la relación, sin descanso.

El amor platónico ¿existe?

PRIMERA ETAPA: EL AMOR ENTRA POR LOS OJOS. El amor es un fenómeno visual; no es tu inteligencia, tu cultura o tu educación lo que me enamora de ti. Te veo y creo que quizá es tu cuerpo, tu cara, tus ojos; y a través de lo que veo, entras en mí y me seduces, te anhelo, te idealizo. A partir de ese momento y desde que me levanto, mi mente y mi atención sólo están en ti.

En una escala entre el 0 y el 10, tú significas un 10 y mi propio mundo (trabajo, estudios, pasatiempos) se reducen a 0 en importancia. Es decir, en este momento, el amor, tu manera de pensar o aquello a lo que te dedicas, carecen de valor.

SEGUNDA ETAPA: ME ENAMORO DE TI. A pesar de que el tiempo pasa y conozco a otras personas, mi mente continúa en ti. El enamoramiento deja de ser sólo visual y empiezo a enamorarme de quien eres: tu entorno, tu trato, tu manera de pensar, tu gusto por la música de Mozart, del cine que disfrutas. Tú ahora eres tú, y a ello se suma todo lo que está en ti. Cuando no estás aquí, escucho tu música o prefiero aquella que me recuerda a ti. En la escala, ahora eres un 7 y lo que hace referencia a ti es un 3. No significa que te he dejado de querer, sino que el amor comienza a transformarse y a expandirse.

TERCERA ETAPA: TU PRESENCIA SE PROPAGA. Me enamoro de lo que te gusta; el mundo y tú ya no tienen el mismo valor. Me doy cuenta del regalo que me has dado, por ejemplo, al despertar en mí el gusto por Mozart, acudir a las salas de concierto, compartir este gozo con otras personas. A través de todo esto, me enamoro de ti. Tu presencia comienza a dispersarse y a tocar todo. En esta etapa tú eres un 5 dentro de la escala de 10 y tu mundo el otro 5.

CUARTA ETAPA: LA INTERPRETACIÓN. A partir de ahora interpreto el mundo en el que estoy, comienzo a enamorarme de la música clásica, de Bach, de Beethoven y valoro más esto que me has regalado. Puedo sentir lo que hay detrás de la música, el juego de tonos y silencios; distingo la armonía, la perfección, la secuencia, de tal manera que puedo vincularlas con nuestra relación. En la escala, tú te conviertes en un 3 y tu mundo, que ya es nuestro mundo, en un 7.

QUINTA ETAPA: TE INTEGRAS A TODO. Es la sublimación del amor. Te amo y ya no te puedo ver sólo como persona, con un cuerpo, como inteligencia y como una manera de ser, sino que te has fundido de tal manera en mí, que estás en todo. Veo tu belleza interior, me veo en ti. Escucho una melodía y apareces en el momento aunque no te pueda asir.

Así es el proceso del enamoramiento, cuando me doy cuenta de que has sido el camino a través del cual me enamoré de mí y de la vida. Y gracias a que me encuentro, gozo y me gozo. Cuando llega este momento, el mundo es un 10 y aunque el centro absoluto de todo eres tú, hay una unidad entre el yo, el mundo y el tú.

Sabemos que en la vida no hay nada permanente, todo cambia de ayer a hoy, y de hoy a mañana. El amor por tanto es también una decisión. Así es... Si bien no se tienen que cumplir las cinco etapas, ojalá todos nos encontremos en una u otra.

Cuando no amas, pierdes el ancla, olvidas lo que es importante y la vida se convierte en una tormenta. Te invito a ser honesto y preguntarte:

- ¿Doy amor o busco amor?
- ¿Estoy tan ocupado que no le doy tiempo al amor?
- ¿Amo o busco manipular o cambiar a alguien?
- ¿Amo o juego a vivir en lo seguro?
- ¿Amo o busco obtener algo?

Cuando el problema soy yo

"¿De dónde viene esa música apenas audible que tanto molesta? Qué imprudentes mis compañeros de adelante, ¿qué no ven que la conferencia de Wayne Dyer está a punto de comenzar!" Mi juez crítico buscaba notoriamente al culpable. Pasaron unos minutos, en los que, indignada, mi atención se dividía entre las palabras del conferencista y la molestia que el soterrado ruido me provocaba. "No puede ser...", repetía para mis adentros.

Pasaron unos minutos, hasta que se me cayó la cara de vergüenza. ¿De dónde provenía la molesta musiquita? Nada menos que ¡de mi bolsa! Del celular que mi esposo me había prestado para no estar desconectada en Atlanta, puesto que había perdido el mío. No la reconocí porque en mi teléfono no tenía música. ¡Qué pena! Pero además eso me causó sonrojo al ver la prudencia de todos mis vecinos que, al contrario de mí, no hicieron una sola mala cara.

Sentí un puñetazo en la cara y aprendí una lección. El problema era yo. Fue como aquel señor que al ir a su trabajo tiene un accidente. Se baja del coche y le dice a la conductora del otro automóvil: "Señora, ¿por qué no aprende a manejar? Usted es la cuarta persona con la que choco hoy."

El incidente me hizo traspolar la experiencia a otras áreas de mi vida. Soy yo la que tengo que cambiar. Esto se aplica a las relaciones y se vuelve más notorio con quienes convivimos a diario, como compañeros de trabajo o nuestra pareja. ¿Cuántas veces de manera automática condenamos al otro en lugar de darle el beneficio de la duda? Sin darnos cuenta, creamos el hábito de ver sus debilidades en lugar de sus fortalezas. Y así, la vida se vuelve un infierno.

El asunto no está en el otro, está en mí

Es cuestión de decidir. Como vimos, en un segundo te puedes enfocar en todo lo positivo que tiene la otra persona y en magnificar todas sus cualidades, o bien, acostumbrarte a detectar de inmediato sus defectos y amplificar aquello que te molesta.

Ésta es una de las razones por la que hoy tantas parejas tienen problemas. Han olvidado por qué se enamoraron.

En una relación suele haber dos seres sensibles con un gran potencial, pero la crítica los separa, pues han desarrollado el hábito de ver sólo lo malo. Recuerdo el caso de un señor que armó un gran pleito porque su esposa no le tenía el melón de la mañana picado como a él le gustaba. Por supuesto, se divorciaron.

Todos conocemos historias de parejas en las que con nada se tiene contento al otro. Nada es suficiente. Son incapaces de ver el esmero y mucho menos reconocerlo.

Este tipo de personas nunca son felices. Como dice *Un curso de milagros*: "Aquello que falta en la relación, es lo que tú no has dado." Porque aunque parezca extraño, la razón de no ver las cualidades en el otro es una falta de amor por uno mismo. Si me acepto, te acepto. Y sólo puedo criticar y juzgarte cuando ya me he juzgado negativamente a mí mismo. Así de sencillo.

Si acaso encuentras que luchas en esta área, que eres tú el problema y quieres conservar la relación, cambia de foco. De la misma manera que con un dibujo de ilusión óptica. Para ayudarte haz una lista de todas las cualidades que tu pareja, tu jefe, tu compañero tiene.

Quizá no es cariñoso, pero es muy generoso. Quizá tenga debilidades, pero es una gran mamá. Es divertida. Es inteligente. Es trabajador.

Haz la prueba. Fíjate sólo en lo bueno. Ve el bosque, no los árboles. Verás que también saldrás beneficiado. Un espíritu crítico contamina todo lo que haces en todas las áreas. Además, ten en cuenta esta ley: lo que resistes, persiste. Y las personas respondemos mucho más al halago que a la crítica.

La próxima vez que la crítica te asalte, mejor di: "¿Te había dicho lo mucho que te admiro cuando...?" Comprobarás que todo cambia para bien.

¿Controladora yo? ¡Para nada!

Somos una generación a la que han hecho creer que "control es poder" y que "control es fortaleza". Con frecuencia escuchamos la frase: "Ten el control de tu vida", como la máxima del mundo de hoy. El control es sano si significa controlar tu salud, tus pensamientos, una plaga, un incendio, pero en materia de relaciones nunca ayuda. Ser demasiado controlador o controladora hace que la persona se vuelva inflexible, cerrada, poco eficiente y poco tolerante.

Bueno, si me hubieran preguntado —hasta hace poco— si me consideraba una persona controladora, lo hubiera negado. No por quedar bien, sino porque en realidad no me consideraba así. Tal era el tamaño de mi punto ciego. Pues resulta que sí lo soy; bueno, lo fui, bueno en eso trabajo todos los días. Y lo anterior, si bien lo digo con orgullo, no ha sido fácil. Cuesta trabajo, incluso busqué ayuda con un terapeuta.

El caso es que ahora me doy cuenta de lo absurdo que es y del sufrimiento que conlleva intentar controlar a los demás. Es como escoger sufrir, así de sencillo.

¿Por qué lo digo? Después de cuarenta años de estar felizmente casada —con sus altas y bajas naturales— me doy cuenta de que en verdad yo elijo sentirme feliz y tranquila, y que no sólo es una frase bonita: es una realidad.

La mayoría de las veces que hemos tenido algún problema como pareja es porque he querido controlarlo. Y él es todo un caballero, mientras no lo trates de controlar. Me tardé unos años en entenderlo, pero ya aprendí.

No sé en qué momento de mi vida me impuse la responsabilidad de ser, además de su esposa, amiga y amante, la vigilante de su salud. Por tal motivo, me dio por examinar si su estilo de vida era lo suficientemente sano, de acuerdo, claro, con mis expectativas. ¡Pobre hombre! "Mi vida, no fumes otro puro, no le pongas más crema, es pura grasa saturada, tenemos que hacer más ejercicio, ¿otro whisky?" En verdad no sé cómo me aguantó, porque además es el hombre ¡más sano del mundo! Mi paz y tranquilidad se basaban en lo que él hacía o dejaba de hacer. Es decir, si cumplía mis expectativas.

Ya Buda lo afirmaba: "Las expectativas son el origen del sufrimiento." Si tratamos de contar todas nuestras expectativas, no acabaríamos. Desde que todos cumplan con su trabajo, que mi computadora funcione, que mi esposo se acuerde de nuestro aniversario, etcétera. Las expectativas crean una imagen mental de cómo quieres que las cosas sean o sucedan. Esto está bien, siempre y cuando no te convenzas de que tu felicidad depende de que se cumplan. Cuando la expectativa se convierte en reclamo, es cuando sufres y tus relaciones también.

¿Qué me hizo cambiar? Estudiar y entender una de las leyes universales: la vida es individual. Cada vez que mi instinto controlador amenaza con aflorar, repito como mantra: "La vida es individual, la vida es individual."

Si bien un hábito de pensamiento lo cambias con repetición, se requiere estar convencido de aquello que repites, es decir, sentirlo, creerlo para que expulse al hábito anterior.

¿Cambiar es fácil? No, no lo ha sido, todos los días trabajo en ello; sin embargo, los beneficios se reflejan de inmediato en la relación. Y ¿quién puede ser feliz cuando se disgusta con su pareja?

Para mí, ha sido un alivio entender este principio —la vida es individual—, cuya base es que no puedo esperar ni lograr que otro cambie; lo único que sí puedo cambiar son mis expectativas. Lo único que puedo controlar son mis pensamientos; sólo lo que pienso es lo que me afecta; no importa lo que el otro diga o haga; sólo puedo cambiarme a mí misma, ¡y vaya si es una tarea más que suficiente!

El control es miedo

No cabe duda de que después de trabajar en lo anterior, comprendo que todo tipo de relación que tratas de controlar sufre. El control mata la intimidad, el romance, la espontaneidad y el crecimiento. Y en realidad, el control es miedo. Miedo al cambio, a lo desconocido, a quedar mal, a crecer. En mi caso, era miedo a la pérdida, a quedarme sola, pues Pablo es y ha sido mi gran amor, amigo y compañero de vida. Sin darme cuenta de que con ese tipo de actitud corría el riesgo de perderlo.

Lo cierto es que la energía y la vida se nos escapan mientras intentamos controlar el universo...

¿Cómo saber si en tu relación hay un control enfermizo? Muy sencillo. Lo sabes si tu vida en pareja no funciona, no fluye, no hay gozo ni abundancia, si te sientes detenido, paralizado o con una gran carga. De manera contraria, la recompensa por ser y dejar ser, soltar y liberar al otro, es que reirán más, se comunicarán mejor, encontrarán felicidad, liberación y crecimiento.

Cuando tratas a tu pareja como a un adulto inteligente, de inmediato, llega la respuesta. Él o ella es humano y al sentirse tranquilo y saber que no dispararemos flechas a su talón de Aquiles, deja de defenderse o aislarse y vuelve a ser amoroso y entregado. Tal vez esto, tan simple, es lo que necesitamos para redescubrir a la mujer o al hombre maravilloso del que nos enamoramos tanto, así, tal y como era, tal y como es.

En resumen, soltar el control ha sido un gran reto que te invito a intentar. Comprenderlo te lleva a darte cuenta de que esa frase bonita: "La paz y la felicidad son un estado mental que tú eliges", es lo más cierto que hay.

Percepción es realidad y ahora, fuente de conflicto

Imagina que tú y tu familia están dentro de una casa. Ésta casa tiene cuatro ventanas, cada una dirigida hacia un punto cardinal diferente. Cuando algún miembro de la familia se asoma por alguna de estas ventanas percibe el mundo de manera única, completamente diferente a la de los demás. Ninguna de estas percepciones está bien o mal, sólo refleja una realidad. En la noche, todos se reúnen alrededor de la mesa para compartir lo que vieron, lo que sintieron y lo que pensaron de lo experimentado.

Como la percepción de cada quien forma una realidad, inevitablemente, en el transcurso de la conversación, cada cual expondrá su visión con el convencimiento absoluto de que habla sobre la verdad: su verdad. Por lo tanto, surgirán puntos de vista diferentes, discusiones que tendrán grandes probabilidades de derivar en conflictos y, quizá, en rupturas.

Considera que la percepción y la creencia son como gemelos. Lo que la creencia diga, la percepción confirma. De hecho, el trabajo de la percepción es conseguir evidencia para probar que la creencia está en lo correcto. Si la percepción dice: "Esto es bueno o malo", la creencia dirá: "Tienes razón." De esta manera, muchas personas viven el hoy con maletas de creencias tan viejas y pasadas de moda como los años vividos.

Creernos únicos dueños de la verdad nos deshumaniza. En la vida siempre hubo, hay y habrá personas que ven el mundo desde otra ventana; es una constante que, cuando no sabemos aceptarla, amenaza cualquier tipo de relación, ya sea que se trate de la relación entre padre e hijo, hermanos, amigos o compañeros de trabajo. Al respecto, una buena pregunta para hacernos es: ¿quiero tener la razón o ser feliz?

Lo bueno es que para cambiar el sistema completo de temores y creencias, sólo basta un pensamiento amoroso. Un poco de voluntad tiene mucho poder. Cambia la ventana desde donde ves la vida y descubrirás que todo cambia.

Pitágoras tiene la respuesta

Tu felicidad depende del estado de tus relaciones, es un hecho. Por lo que comparto contigo, querido lector, uno de los preceptos de la filosofía de Pitágoras, el filósofo y matemático griego del siglo v, que me encanta y según el cual, la realidad de todo lo existente es de naturaleza matemática.

Veamos: el universo se rige por un orden y una armonía; esta relación lo regula todo. Es así que lo que existe en el espacio, físicamente hablando, son puntos, líneas, superficies o cuerpos. Lo anterior tiene un valor matemático:

- Si al punto le doy un número, sería uno.
- Si añado dos puntos se forma una línea.
- Tres puntos forman un triángulo, por ende una superficie.
- Si a esta superficie le agrego un cuarto punto, se forma una cúspide, una figura sólida, un cuerpo.

En fin, todo lo que conforma el universo es la suma de uno más dos, más tres y más cuatro.

Sin embargo, Pitágoras afirmaba que lo anterior también sucedía en lo anímico, hay cosas que esencialmente tienen un valor numérico:

- El número uno es el de la razón; sólo puedo tenerla cuando estoy solo. La razón le compete a la soledad. Mientras estoy solo, claro que tengo la razón.
- El número dos es el número de la opinión, es decir, cuando ya hay otro, no puedo ser dueño de la razón. Es mi razón y tu razón las que hacen que surja una opinión.
- El número cuatro es la justicia. Si respetamos mi opinión y tu opinión, habrá una relación de equidad, por ende surgirá la justicia.
- El número ocho es el amor. Entre mi justicia y tu justicia, es la única forma en que el tercero se prepara para que nazca el amor.

En suma, el amor sólo puede crecer con el respeto y la justicia mutua.

Sabiendo esto, vemos lo estéril e inútil que es caer en discusiones que deterioran cualquier tipo de relación. ¿Cuántas negociaciones se truncan por no apreciar la vista que percibe el otro desde su ventana? ¿Cuántas guerras entre países se producen por no respetar y comprender que cada uno tiene su propia visión del mundo?

Sí, Pitágoras tiene la respuesta...

"Ya no la aguantaba..."

A continuación te comparto una anécdota que, en verdad, cambió mi vida, espero que te sirva también.

"La verdad es que ya no la aguantaba", eso le comentó en privado Raúl a Carlos, uno de sus mejores amigos, cuando su esposa falleció. Un infarto al corazón terminó con su vida repentinamente, mientras veían juntos la televisión.

Raúl y Rosi llevaban treinta y cinco años de casados, y quienes los conocían aseguraban que eran muy buen matrimonio. Rosi era conocida por ser una gran mamá, una gran ama de casa, siempre muy arreglada y preocupada por la buena educación de sus hijos. Sin embargo, Rosi vivió algo que a muchos nos puede pasar: había logrado hacer del perfeccionismo —una gran cualidad— su mayor defecto.

"Era muy difícil vivir con ella, todo el tiempo me criticaba", comenta Raúl. "Era tal su deseo de perfección que quería controlar todo. El orden de la casa, las vidas de mis dos hijos, las actividades y horarios de todos y, por supuesto, a mí. Con el tiempo, todo lo anterior se acentuó. Ella constantemente me corregía lo que hacía, lo que decía, lo que comía, lo que bebía, en fin. 'Es por tu bien', 'es por tu salud', 'esto nadie te lo va a decir', eran sus frases favoritas. Lo cual nos provocó muchas diferencias, hasta que de plano me rendí. Pero vivir con ella se volvió una pesadilla."

Raúl, un importante director de empresas, era muy respetado en su medio, pero no en su casa. Un día, al acercarse su cumpleaños, Rosi le preguntó: "¿Qué quieres que te regale?" "Déjame pensarlo", contestó Raúl antes de dormirse. A la mañana siguiente, Rosi encontró en su buró un papel doblado. Al abrirlo, se quedó helada por lo que leyó: "Quiero respeto."

Cuando escuché esta historia quedé estupefacta. Las anécdotas nos sirven para vernos reflejados y aprender. Me impactó escucharla porque, como te comenté, tiendo a ser controladora. Sin embargo, ese día me prometí a mí misma que haría lo indecible para que mi esposo jamás llegara a decir: "Ya no la aguantaba."

Este deseo de Raúl de conseguir el respeto de su pareja es más común de lo que imaginamos. Y, bien visto, es el mejor regalo que podemos dar. Respetar a alguien significa aceptar sus decisiones aunque no estemos de acuerdo con ellas. Respetar sus gustos, desde sus calcetines, hasta sus inversiones; respetar lo que coma o deje de comer; a sus amigos y sus actitudes hacia los nuestros, lo que dice o deja de decir. Respetarlo significa no corregirlo ni contradecirlo en público, significa mordernos los labios cuando vemos que hace algo que no es de nuestro total agrado.

Tú decides la relación que quieres tener. Cuando cedes, cuando renuncias al control y permites que los otros decidan por sí mismos, te liberas. Haz la prueba, verás que te comunicarás mejor, te abrirás más a las otras personas, reirás con mayor frecuencia y, sobre todo, el día en que te mueras, no dirán: "Ya no la aguantaba..."

El abrazo que asfixia

Sí, el amor puede convertirse en un impedimento para crecer. Un abrazo muy fuerte puede asfixiar al ser amado. Cuando en el amor la pareja se abraza de manera absoluta, ya ninguno de los dos puede volar. El deseo por el otro causa que muchas de las personas renuncien a su propia búsqueda y decidan quedarse con el estímulo inmediato. Así, el amor se plantea como egoísmo absoluto entre dos, cuyo intenso fuego logra que ambas aves se incineren a sí mismas.

Este tipo de relación no habla de respeto y genuino amor, sino de deseo, manipulación y dominación. Debajo del control, siempre hay miedo: miedo a perder, a fracasar, a salir herido. Como vimos, demasiado control por parte tuya o de tu pareja, te desconecta de tu ser, bloquea la camaradería e impide la sinergia producida por dar y recibir, que es lo que hace gozosa una relación sentimental

---

"Ya no te quiero, esto se acabó"

"Tienes que ser muy fuerte para escuchar lo que te voy a decir: ya no te quiero, esto se acabó." Estas palabras las escuchó Camila de su marido saliendo de una cena de negocios, a la cual ella sentía estar haciéndole el favor de acompañarlo. Las pronunció con el mismo tono desenfadado con el que se pide cambiar de estación en la radio. Después de que Camila no podía creer lo que acababa de escuchar, su mente tardó en lo definitorio de esa frase. Ella creía estar en un matrimonio normal, con sus altas y bajas, épocas buenas y difíciles, como el de muchos; pero, ¿divorcio? Nunca lo había pensado en veinte años de casada. Por otro lado, Rodrigo, su esposo, era algo que ya había planeando tiempo atrás.

A los pocos días, llegó a su casa la notificación de la separación. Camila quedó muy dolida. La vida en familia con dos hijas adolescentes dio un giro radical. Si bien, ha luchado con fortaleza para salir adelante, encontrarse sola frente a problemas que no tenía contemplados, le ha provocado un enorme dolor. A un año de intentar sobreponerse, Camila cayó enferma y requirió hospitalización; su vida se vio seriamente amenazada.

El rencor enferma

El rencor y el resentimiento enferman no sólo el alma sino también el cuerpo. De hecho, son de los venenos más agresivos que hay. Re-sentir es volver a sentir una y otra vez el mismo agravio como si fuera la primera vez. Esa energía negativa es como estar en una mecedora y creer que al balancearnos insistentemente lograremos dirigirnos a algún lado, cuando lo cierto es que estamos más estancados que nunca.

Los eventos dolorosos, como la traición, la separación, el desamor, son suficientes para tentar a cualquiera a cerrarle la puerta a la vida. Y, sin embargo, si cierras la puerta te encierras y te sofocas con la amargura. Por el contrario, si te abres, eventualmente la vida te permite escoger mejor y te brinda las oportunidades para hacerlo.

PUNTOS A RECORDAR

1. A este mundo vinimos a gozar y a hacer gozar sin dañarnos ni dañar a nadie.
2. Cuando se trata de un secreto, aquello de "la verdad los hará libres", en realidad al único que libera es al que lo dice.
3. Lo más importante es cuidar el corazón de las personas.
4. El control no es poder.
5. La vida es individual.
6. Cuando no amas, pierdes el ancla de tu vida.
7. Lo que la percepción diga, la creencia lo confirma.
8. Pregúntate, ¿quieres tener la razón o ser feliz?
9. Si me acepto, te acepto.
10. Lo único que puedes cambiar son tus expectativas.

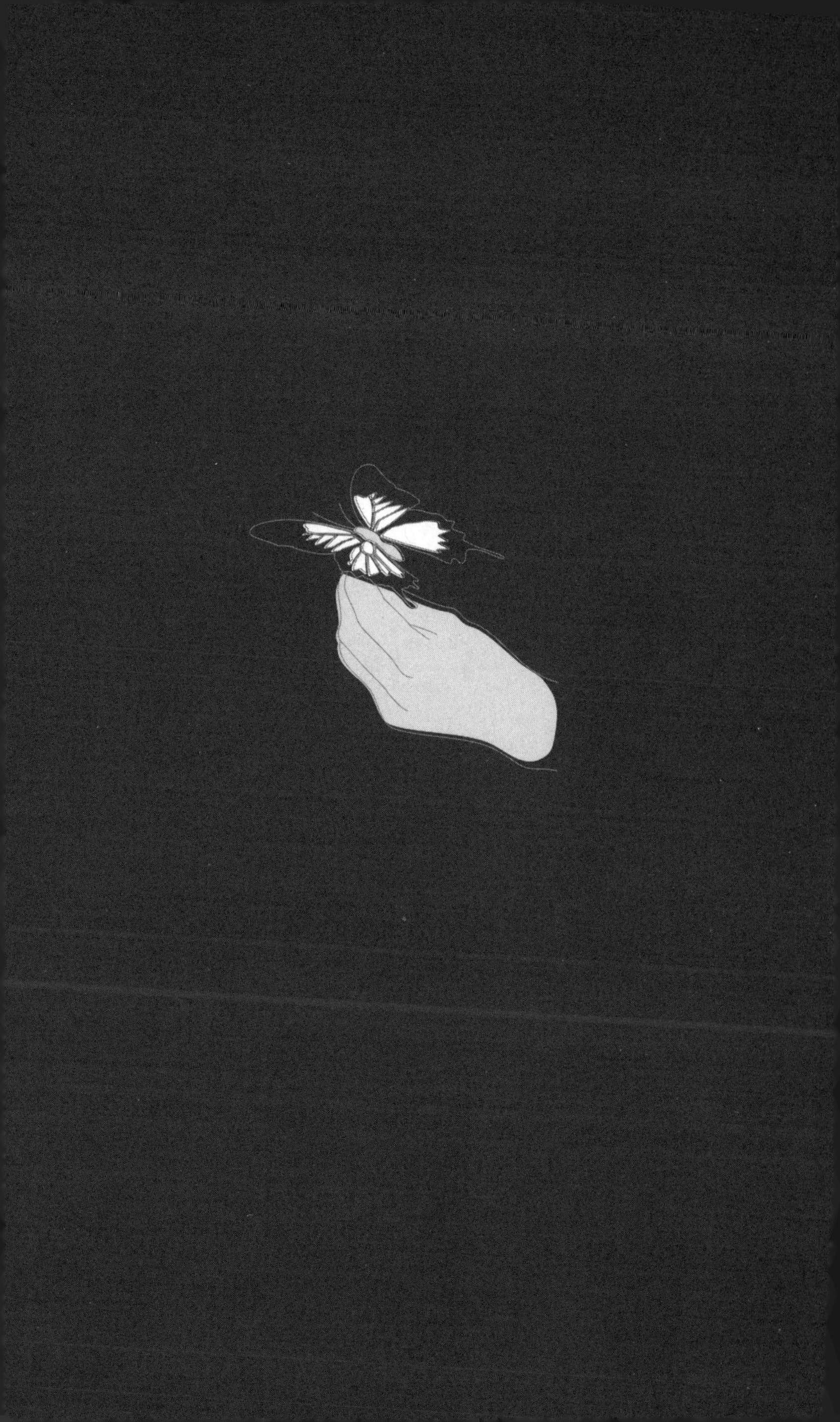

YO
decido perdonar

9

La causa de tu sufrimiento es que no amas lo suficiente.

Carolyn Myss

Perdonar te libera

Nadie entiende lo que es la traición hasta que la vive. Duele mucho, en especial, si viene de un ser querido o de un amigo en quien has depositado toda tu confianza.

Después de regresar de un largo entrenamiento en Estados Unidos sobre asesoría de imagen, decidí capacitar a tres amigas para que me ayudaran con la demanda que tenía para impartir clases sobre imagen personal. Empresas, bancos, políticos, vendedores, jefes o amas de casa encontraban en nuestro trabajo una forma de superación personal.

No sólo compartí con ellas todo lo que sabía y había aprendido durante años, sino que confié en que formaríamos un muy buen equipo.

Un día, una empresa nos solicitó una cotización de una serie de conferencias para todo su personal. Al poco tiempo, me enteré por casualidad —siempre sucede— de que una de mis amigas había ofrecido dar dicha capacitación por su cuenta y a la mitad de precio. Sentí una puñalada en el estómago. Hablé con ella con la firme convicción de separarla del equipo. Me convenció de que lo hacía por necesidad; y como en lo personal he sido testigo de que los milagros suceden cuando alguien cree en ti, la perdoné.

Mas, al poco tiempo, me enteré de que volvió a traicionarme. Me dolió descubrir que, gracias a ese hecho, mi confianza en la humanidad se quebrantaba. Se me quitó lo inocente. Tuvo que pasar un tiempo para que lograra olvidar el agravio. Nunca más la volví a ver; hasta que un día, decidí sacar el malestar de la traición de mi sistema. El día en que pude recordar el suceso sin que el alma se me encogiera, comprendí que la había perdonado; me sentí libre, ligera y en paz.

Los eventos dolorosos, como la traición, la separación, el desamor son suficientes para tentar a cualquiera a cerrarle la puerta a la vida. Nadie nos contó lo que podía doler vivir. Y, sin embargo, si cerramos la puerta nos encerramos y nos sofocamos con la amargura. Por el contrario, si nos abrimos, finalmente la vida nos permite escoger mejor y nos brinda las oportunidades para hacerlo.

El rencor y el resentimiento enferman no sólo el alma sino el cuerpo. De hecho, son de los venenos más agresivos que hay. Re-sentir es volver a sentir una y otra vez el mismo agravio como si fuera la primera vez. Esa energía negativa es como estar en una mecedora y creer que al balancearnos insistentemente lograremos dirigirnos a algún lado, cuando lo cierto es que estamos más estancados que nunca.

Yo decido perdonar-me

Cuando salió a escena la vi guapísima. No la recordaba ni tan delgada, ni tan en forma. Como siempre, durante la obra, hizo alarde de su talento y de su gran capacidad de hacernos reír. "Qué maravilla que existan en el mundo personas como ella, pensé". Por supuesto, me refiero a mi querida amiga Consuelo Duval. Al término de la obra, la fui a saludar para felicitarla y darle un abrazo de cariño. Hacia tiempo no nos veíamos: "!Consuelo! Qué bien te veo, ¿qué has hecho para verte tan bien? ¿Qué te motivó a hacer éste cambio en tu vida?" le pregunté intrigada. Su respuesta me encantó y es por eso que le pedí que la compartiera:

"Me perdoné Gaby..."

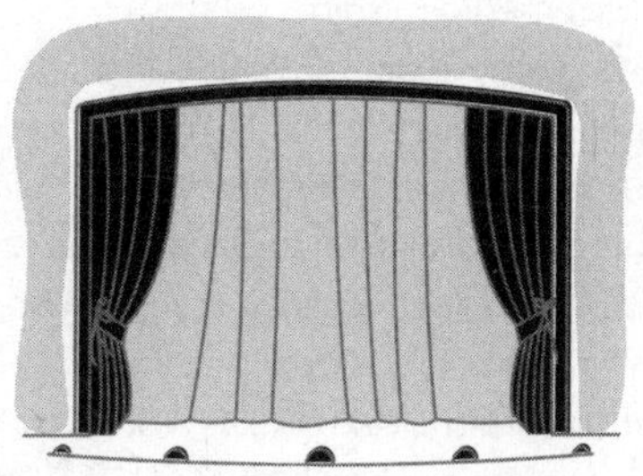

Llegó ese día que tanto temía... Y me quedé irremediablemente sola. Pensé en esa frase que tantas veces me había dicho mi papá: "Cuando necesites una mano que te ayude, la encontrarás al final de tu brazo." Mi primera reacción ante tal comentario fue reírme a carcajadas y descubrí que era tan dolorosamente cierto que la risa era una especie de escudo para no recibir así, de sopetón, una verdad tan absoluta. Necesitaba ayuda y tuve que verme los dos lados... el bonito y iagh!, hasta pena me da escribirlo, el HORROROSO, ese lado donde habitan las bestias del miedo, la inseguridad, la soberbia y todas esa cosas que TANTO CRITICABA EN LAS DEMÁS PERSONAS.

Fue duro, doloroso y muy vergonzoso descubrir que había cometido muchos errores "en nombre del amor", actos terribles de egoísmo, soberbia, miedo, codependencia, control... y que ese enemigo que tanto me molestaba y me metía el pie justo cuando estaba a punto de cumplir mis sueños, se encontraba frente a mí, en el espejo. Nadie en toda mi vida me había hecho más daño que yo. El perdón es un regalo que te haces. Perdonar a los demás por el daño que (honestamente) yo permití que me hicieran, no fue difícil. Perdonarme a mí ha sido el más difícil de los perdones, me ha tomado varios años de terapia, pues además sí creo en el poder de los psicólogos para ayudarte a encontrar el camino cuando andas medio perdido.

Me perdoné por permitir que otras personas tomarán el control de mi vida y mis emociones. Me perdoné por sacrificar la infancia de mis hijos corriendo de una ciudad a otra trabajando para asegurarles un futuro (no vaya a ser que yo también me muera cómo mi mamá y los deje desamparados, pensaba). Me perdoné por TRATAR DE AGRADAR A LOS DEMÁS.... SACRIFICANDO MI MANERA DE SENTIR Y PENSAR. Quien se poda a sí mismo para agradar a otros, muy pronto se descubrirá hecho pedazos.

Y como el autoengaño es el peor de los engaños, me miré al espejo y me dije: "Consuelo... has llegado a la mitad de tu vida y has hecho muchas pendejadas..." Y a partir de ese día... ME PROMETÍ que en el camino hacia el final de mi vida, haría MÁS y mejores pendejadas, con la ventaja de que ahora me sé reír de mi misma.

¡ME PERDONE Y HASTA BAJÉ DE PESO, LO JURO! Sí, el cuerpo carga lo que la boca calla. Entonces me repetí convencida: "No te tomes la vida TAN EN SERIO, de todas formas no vamos a salir vivos de ella."

ConsueloDuval =)

Ojalá y todos tuviéramos el valor de imitarla y un día llegar a decir: "Me perdoné." Las mejores cosas en la vida aparecen cuando dejas ir culpas y rencores. Y ¡claro!, cuando lo logras, de inmediato te vuelves una persona más atractiva en el sentido pleno de la palabra. Gracias querida Consuelo.

Perdonar... al otro

Con el tiempo comprendes que para perdonar no se requiere hablar directamente con la persona que causó el agravio, no se requiere tomar un curso, como tampoco aprender ninguna técnica especializada; sólo se necesita voluntad. La capacidad de perdonar está en tu naturaleza, cuando te decides a abrirle camino, simplemente se da.

Tampoco requerimos que diversos estudios científicos nos revelen que el estrés producido por los rencores acumulados puede disparar o agravar problemas como dolores de cabeza y de espalda, provocar úlceras, arrugas y debilitamiento del sistema inmunológico y aumentar la predisposición a resfríos, gripes y otras infecciones. Estoy segura de que todos hemos experimentado algo de lo anterior en algún momento. Sabemos que la falta de perdón, es decir, aferrarse a la ira, al miedo, al dolor, tiene un impacto mensurable en nuestro cuerpo. Nuestra capacidad de perdonar está estrechamente ligada con nuestra salud.

El perdón no es para todos. Es sólo para quienes lo reconocen y en verdad quieren vivir en absoluta paz y libertad; para quienes deciden dejar de vivir en el pasado y disfrutar el presente; para quienes deciden avanzar a pesar de sí mismos, de lo que su ego aconseja, de sus propios temores e ideas equivocadas; o bien, a pesar de que otros le aconsejen lo contrario. Con el perdón, quien gana eres tú. Nadie más.

Todos los regalos que el resentimiento y el rencor te roban, te los das al perdonar. Al perdonar, dejas el pasado en donde debe estar: en el pasado.

Guardar rencores es vivir amarrado y elegir el sufrimiento. En cambio, el perdón está pleno de beneficios a nivel físico, emocional y espiritual.

El perdón es un tema al que frecuentemente no le damos la importancia que tiene, a pesar de las serias consecuencias que genera en nuestra vida. Perdonar te libera, detiene tus batallas interiores y te permite dejar de reciclar la ira y la culpa.

Sin duda, perdonar a una ex pareja que nos fue infiel, o se ha olvidado de sus hijos, es algo muy difícil, en especial, si en el momento de la separación faltó educación, respeto o generosidad. La sensación de haber sido traicionado y herido puede quedar guardada de manera muy profunda.

Perdonar libera

Haz una lista de las personas a quienes quieres perdonar. Padres, cónyuges, ex cónyuges, hermanos, amigos, ex amigos... Y algo muy importante, analiza si debes incluirte también. Como te comenté, una técnica que me ha servido mucho es escribir aquello que te ofendió, te dolió y todavía hoy te envenena, en papel.

Narra todo con detalle, exprésalo libremente sin ningún tipo de culpa o censura y, después, rompe tu escrito. En el momento en el que ves cómo las hojas se desintegran con todo lo que tu alma cargaba, algo en ti se libera.

Perdonar no te debilita, ni le cedes tu poder a quien te hirió, al contrario, te permite saber quién eres en verdad, experimentar tu verdadera esencia con amor. Perdonar es la mejor medicina para sentirte fundido en uno con los demás y con todo lo que representa la vida.

Además, perdonar no implica que apruebes lo que hizo o dijo el otro, como tampoco olvidar aquello que te hirió. Yo puedo decidir perdonar a alguien que no está arrepentido de verdad de haberme dañado, porque mi intención al perdonar no es que esa persona quede libre de culpa, sino que yo quede libre en mi interior y que sea yo quien tenga paz.

¿Cuánto tiempo requiere perdonar? Depende de tus pensamientos. Si crees que nunca ocurrirá, nunca ocurrirá. Si crees que te llevará seis meses, seis meses llevará. Si crees que no te tomará sino un segundo, es todo lo que tardarás en conseguirlo.

¿A quién te ha costado trabajo perdonar? Hazlo por tu salud y liberación. Disponte a iniciar un nuevo día, una nueva vida, por el mejor camino para ser feliz: perdona.

La confianza transforma todo

"IN-SO-POR-TA-BLE"

Lo corrieron de la escuela y fue a dar al Internado México, ubicado en Tlalpan, al sur de la Ciudad de México.

Mal estudiante, respondón, cínico y muy rebelde, Tomás disfrutaba retar a la autoridad. "El conflicto está donde él se encuentra", comentaban sus maestros. En su casa vivía castigado. Fue expulsado en varias ocasiones de la secundaria y, mientras asistía, pasaba una buena parte del mes en la oficina del director. Ningún maestro lo aguantaba.

Decía Graham Greene que si supiéramos el último "porqué" de las cosas, tendríamos compasión hasta de las estrellas. La frase viene a cuento porque a Tomás y a su hermano menor el tormento de escuchar los pleitos de sus papás les movía el deseo de salir corriendo de su casa. Así que la noticia del internado, lejos de acongojarlo, fue un respiro para él.

Ahí encontró a alguien que cambiaría su vida por completo: un sensible director del internado marista ignoró el mote de "in-so-por-ta-ble" que Tomás cargaba. Al admitirlo, le dio uno de los grandes regalos que cualquier ser humano puede recibir: confió en él. Sí, a pesar de todo lo que don Gregorio Torres había escuchado del joven y de las prevenciones acerca de su rebeldía, Don Goyo —como le decían los alumnos— decidió darle un voto de confianza.

Lo que me motivó a escribir sobre el tema es que, según me cuenta Tomás —quien ahora es padre de familia y exitosísimo empresario—, este marista nunca le expresó verbalmente ese voto. Lo daba por un hecho. "La forma y el respeto con el que me trataba, la energía y la confianza implícita en cada orden que recibía de él, presionaban un botón interno en mí para no fallar. Sin dudarlo, me sentí obligado a corresponder, a sacar lo mejor de mí mismo", comenta Tomás. Y sigue: "Mi vida cambió por completo. Descubrí la posibilidad de encontrar capacidades en mí que yo mismo desconocía. Su confianza me reafirmó, me retó a ser mejor." Y agrega: "Toda mi vida había cargado con la etiqueta de 'el problemático' y me lo había creído. Don Goyo cambió esa percepción. Años después me lo encontré y tuve el gran gusto de agradecerle lo que había hecho por mí. Pero él no lo recordaba..."

Con la confianza todo es posible

Me encanta esta historia. Nos muestra que uno de los grandes regalos de la vida es que alguien confíe en ti, es como un milagro que comprueba que éstos existen. Olvídate de los poderes de los súper héroes de las películas. Si ellos nos impresionan es porque no hemos entendido bien el poder que un voto de confianza tiene:

donde pones tu confianza, nace un poder. Un poder de invocar lo mejor en el otro. Un poder que traspasa sus miedos y le da acceso a la parte suprema de sí mismo. Un poder que otorga un par de alas para ser como en realidad se quiere o se sueña ser.

Además, el beneficio es mutuo: tu poder curiosamente es mi poder. Si te elevo, me elevo como persona y se crea una cadena. Sería bueno revisar nuestra vida por un momento, pregúntate: "En una relación, en un proyecto, en el intercambio con un menor, ¿dónde está mi confianza? ¿Dónde está ese poder que tengo para transformar a esa persona —chica o grande—, ese proyecto, esa relación o a mí mismo?

Los seres humanos tenemos una responsabilidad, en cada relación, enseñamos por medio del miedo o del amor. La confianza se deriva del amor, es el pilar de la autoestima y el pegamento de cualquier intercambio, tanto en la vida de pareja, como entre padre e hijo, entre amigos o hermanos, aun en las situaciones más adversas o retadoras.

¿Te imaginas qué sucede con un niño, una persona, un colaborador, a quien no le haces sentir tu confianza en él o ella? ¡Esa sensación es tan poderosa! Sin la confianza de los demás en nosotros, simplemente deambulamos por el mundo en estado zombi, cargando una piedra de potencial.

El misterio es que tira en ambas direcciones; porque si en lugar de regalar confianza a la relación demuestras desconfianza, avientas al otro al vacío. Sólo que ojo, porque el impulso te arrastra también, como si ataras su pie y el tuyo con una misma cuerda. Aprendes a devaluarte y a sentir más miedo y desconfianza no sólo de la persona, sino de la vida misma.

En cada relación, no importa si es con un niño o un adulto, enseñamos ya sea el miedo o el amor.

¿Tienes algún in-so-por-ta-ble en tu vida? Si es así, tienes en tus manos la enorme capacidad y responsabilidad de cambiarle la vida. Hazle sentir tu confianza.

A continuación comparto contigo un estudio interesante sobre cómo elogiar a los niños, ya que el aplauso constante puede ser contraproducente.

El poder inverso del elogio

Los niños de hoy están saturados de mensajes como: "Qué listo eres", "qué inteligente" y "eres maravillosa". Enviar a nuestros hijos a la escuela bañados de este tipo de elogios es una práctica común de la mayoría de los papás. Y si bien es cierto que hace unos años jamás se halagaba así a los niños para que "no se les fuera a subir", hoy estamos convencidos de que reforzar su autoestima y seguridad es la mejor herramienta que les podemos dar para lograr el éxito en su vida.

Sin embargo, la realidad es que elogiar a los hijos se ha convertido en una especie de panacea para cubrir las ansiedades de muchos padres. Te asombrarás al saber, querido lector, que el aplauso constante puede ser contraproducente. ¿Lo imaginabas? Es un hecho neurobiológico comprobado. Te platico por qué.

Los estudios realizados durante diez años en la Universidad de Columbia, por la doctora Carol Dweck y su equipo en la ciudad de Nueva York, se enfocan en los efectos del elogio. Uno de ellos, publicado en el libro *Nurture Shock*, de P. O. Bronson y Ashley Merryman es el que se aplicó a cuatrocientos niños de quinto de primaria. El resultado de esta investigación es que si bien el elogio funciona para levantar el ánimo de los niños, el efecto se revierte en el momento en que el niño experimenta un fracaso o una dificultad. Etiquetarlos como "inteligentes" incluso puede causar que reduzca su esfuerzo y tenacidad para lograr sus objetivos.

La prueba

Me parece interesante cómo se realizó la prueba del efecto de los elogios, la comparto para que sepamos cuál es la forma adecuada de reforzar a nuestros hijos.

Dweck envió a cuatro de sus investigadoras a veinte escuelas de Nueva York. Al azar escogieron a un niño de cada salón de quinto grado y le entregaron un rompecabezas bastante sencillo de resolver. Una vez que cada alumno terminó, las investigadoras le dieron su calificación y una sola frase de apoyo. El experimento se dividió en dos grupos: a la mitad se le reforzó por su inteligencia, con una frase como: "Debes ser muy listo para esto." Y a la otra mitad se le felicitó por su esfuerzo: "Seguro te esforzaste mucho." Posteriormente, a todos se les dio a escoger entre dos opciones. Una era participar en una segunda ronda para hacer una prueba un poco más difícil, con la cual aprenderían mucho; la otra, consistía en hacer un ejercicio igual de sencillo que el anterior.

El noventa por ciento de los estudiantes a quienes se les elogió el esfuerzo optó por el rompecabezas difícil. En cambio, la mayoría a quienes se les elogió la inteligencia escogió una vez más la prueba fácil, es decir, le dio la vuelta al reto.

¿Por qué sucedió? "Cuando reforzamos a los niños por su inteligencia —escribió Dweck en su estudio—, de alguna manera les decimos que el nombre del juego es asúmete inteligente y no te arriesgues a cometer un error." Y es precisamente lo que los estudiantes hicieron, evitaron el riesgo de sentirse menos o ridiculizados.

En la tercera ronda, la prueba más difícil fue obligatoria para todos. Como se predijo, todos la reprobaron. Lo interesante fue ver la actitud de ambos grupos ante el reto. Los "esforzados" se involucraron con entusiasmo y ganas de encontrar una solución; en cambio, los "inteligentes" se sintieron deprimidos y se dieron por fracasados desde el inicio.

Por último, se les dio a todos una prueba tan fácil como la primera. Los "esforzados" mejoraron su puntaje treinta por ciento. En cambio, los "inteligentes" bajaron su calificación inicial ¡veinte por ciento!

Dweck sospechaba que el elogio puede ser contraproducente, pero los resultados de las pruebas la asombraron. Conclusión: "Enfatizar el esfuerzo le da al niño una variable que él puede controlar; esto lo lleva a sentirse seguro. En cambio, enfatizar su inteligencia natural lo perjudica, dado que es algo que sale de su control y no le ayuda en nada a responder a un fracaso."

En entrevistas posteriores, Dweck descubrió que aquellos que —de tanto escucharlo— pensaban que su inteligencia era innata, empezaron a descartar la importancia del esfuerzo. "Soy inteligente —piensa el niño— y no necesito esforzarme." Esto es igual a darle el resultado de un problema antes de que se esfuerce en resolverlo.

El buen efecto del elogio se revierte cuando se da de esta manera. Posteriormente, Dweck comprobó que esto es cierto no sólo con los niños de primaria, sino con estudiantes de todas las edades y condiciones socioeconómicas.

Persistir en una tarea hasta lograrla, es más que un acto de la voluntad, es también una respuesta inconsciente, gobernada por un circuito en el cerebro que funciona como centro de recompensa, interviene como un switch cuando hay una falta de recompensa inmediata: cuando se prende le dice al cerebro: "Sigue tratando, hay dopamina (el químico de recompensa en el cerebro) en el horizonte."

ENTONCES ¿CÓMO ELOGIAR?

1. El elogio debe ser específico. Señalar exactamente la acción y en dónde se notó el esfuerzo.
2. Debe ser intermitente para fomentar la persistencia.
3. Ser sincero. Un niño detecta de inmediato nuestras intenciones.
4. Debe basarse en un hecho real.
5. Evita elogiar de manera excesiva; de lo contrario perderá su efecto.
6. Siempre elogia el esfuerzo y no la inteligencia.
7. El reto es: ¿podremos abstenernos del elogio excesivo?

PUNTOS A RECORDAR

1. ¿Cuánto tiempo requiere perdonar? El que decidas.
2. El rencor y el resentimiento enferman no sólo el alma, al cuerpo también.
3. El perdón es el hacedor de milagros que literalmente puede cambiar tu vida.
4. "El cuerpo carga lo que la boca calla": Consuelo Duval.
5. Perdonarte, es ser capaz de reírte de ti.
6. La intención de perdonar no es que el otro quede libre de culpa, sino que yo quede libre en mi interior y en paz.
7. En cada relación enseñamos desde el miedo o desde el amor.
8. La confianza logra que alguien descubra capacidades, que él mismo desconoce.
9. Donde pones tu confianza, nace un poder.
10. Reconoce más a un niño por su esfuerzo, no por su inteligencia.

YO
decido agradecer

10

Si la única oración que dices en tu vida es gracias, será suficiente.

Meister Eckart

Y... ¿las gracias?

"Compadre, fíjate que no tengo trabajo y no puedo pagar la universidad de mi hija Sofía." Esto le dijo Carlos a Pepe hace unos años, con la confianza que da ser amigos de mucho tiempo. Pepe, a pesar de vivir también la crisis económica del 94 que afectó a todo el país, y con tres hijos a quienes pagarle los estudios, apoyó a su amigo.

"No te preocupes, Carlos, con mucho gusto yo se la pago. Tú dime dónde deposito la colegiatura." Así pasaron los cinco años de carrera, en los que Pepe le pagó la carrera a Sofía. Jamás supo por qué Carlos lo dejó de frecuentar. Después de cinco años, sólo se enteró por terceras personas que la joven ya había concluido sus estudios. "Y... ¿las gracias?", me dice Pepe: "Sofía nunca tuvo un detalle con nosotros. Ir a verme a la oficina, llevarme su diploma; bueno, con un pastel me hubiera confor-

mado o una tarjetita de gracias. Okey, si es mucho pedir, al menos una llamada telefónica. ¿No? Nada, Gaby. Y es muy triste, porque además perdí a un amigo."

"Pero pasaron los años y, ¿qué crees?", continúa Pepe, "años después, Carlos, en otro apuro económico, volvió a buscarme para que lo apoyara. Ahora sí, con la pena y sin culpa alguna, lo ignoré."

¿Olvido? ¿Omisión intencional?

"Ayudar a un malagradecido es como perfumar a un muerto", decía el profesor Raúl Quintanilla. Y qué razón tiene. Cuando uno escucha anécdotas de este tipo, sólo nos queda revisar qué tan malagradecidos hemos sido.

Ya sea que estemos involucrados personalmente o no, todos esperamos que la gente reconozca de algún modo el bien que se le ha hecho. Esto en una sociedad se llama sentido común, civilidad o humanismo. La ley de la reciprocidad es algo de lo que no se habla, pero está implícita en una buena convivencia.

La ingratitud forma parte de nuestro lado más oscuro. William Shakespeare, decía: "Odio la ingratitud en un hombre, más que la mentira, la vanidad, la palabrería, la borrachera, o cualquier otro hedor de vicio cuya fuerte corrupción habita nuestra sangre." Hay diferencia entre el olvido y la ingratitud. Cuando decimos que alguien es "ingrato", es porque después de haber recibido un favor, no lo aprecia, incluso muestra notoriamente hostilidad o resentimiento.

En el olvido quizá todos hemos caído. Recibiste un detalle de tu hermana y olvidaste llamarle. Cenaste en casa de unos amigos y se te pasó el día sin llamar para agradecer. Aunque no tiene el mismo impacto que hacerlo de inmediato, todos podemos entender un agradecimiento tardío. En cambio, la ingratitud es más difícil de aceptar.

La pregunta sería ¿por qué la ingratitud? De acuerdo con el doctor Robert A. Emmons, del HeartMath

Institute, hay varios niveles de ingratitud así como teorías; unas conscientes otras inconscientes:

- No aceptar que una persona le debe algo a otra. ¿El motivo? Resentimiento, sentido de inferioridad, autoestima baja. Cuando uno se siente poco merecedor de un beneficio, no reconocemos la benevolencia del otro, por ende no hay gratitud.
- Para evitar una reciprocidad futura. Una obligación de corresponder quizá por la sensación de que la cantidad es tan grande que nunca se podrá reponer.
- Soberbia. Aceptar que se le debe algo a otro coloca al receptor en una posición de dependencia del donante.
- Al recibir un regalo, un favor, un préstamo, el receptor puede verlo como un pago "insignificante" de alguna deuda pasada, ya sea imaginaria o real. En este caso, el ingrato nunca se siente satisfecho por lo que recibe.
- El receptor, al recibir un bien, puede ver de manera distorsionada al benefactor como débil. Como él odia la debilidad, en su mente ingrata, justifica tratarlo de manera hostil y agresiva.
- El beneficiado malinterpreta los motivos de su benefactor. Si soy un ingrato, puedo asumir que la persona fue generosa para sentirse bien de sí misma, para ganar publicidad o para humillarme.

Cualquiera que sea la razón, la ingratitud nunca sale bien librada. Socialmente rompe el círculo: "Hoy por ti, mañana por mí." Además, nunca podrán experimentar el gozo pleno que da ser agradecido.

Hazte un favor... agradece

No me canso de escribir lo importante que es este punto, creo que en todos mis libros lo menciono. En verdad transforma la vida. Es cuestión de enfocar la mente en lo que sí tienes, en lo que disfrutas, en las bendiciones de la vida. ¿Te has puesto a pensar cuánto vale ver, oír o caminar? O bien, ¿te has preguntado qué valor tiene que tu hijo disfrute de lo anterior?

Gracias, gracias, gracias. Es una palabra que debemos tener en la mente y en los labios todo el día. Comprobarás que entre más agradeces, el universo te da más razones por las cuales agradecer.

"Hace algunos años me quedé sin trabajo", me platica Gil, vía Twitter. "Cerraron la empresa en la que trabajaba. Ya casi cuarentón y con la experiencia previa de haber estado en una situación parecida; pasaron meses en los que no se presentó ninguna oportunidad (siempre me preguntaban mi edad), sufrí varios meses y el tema me pesaba cada día más; el pago de colegiaturas, servicios, comida, etcétera."

"Hubo muchas noches en que lloré pensando en qué haría al día siguiente. Hasta que un día, en lugar de pedir ayuda a mi Dios, cambié mi forma de ver las cosas y le dije que le daba las gracias por mantenerme con vida y con mi familia, y que me ponía en sus manos. Me levanté y con la poca gasolina que tenía me fui a ofrecer mis servicios como ingeniero independiente. Hasta el día de hoy hemos estado bien; no somos una empresa grande ni millonaria, pero nos da un poco más de lo suficiente para estar bien."

"Cabe mencionar que pocos meses después de tomar esta decisión, quedamos embarazados de nuestra tercera princesa. Esto nos reactivó, nos llenó de nueva energía."

Experiencias como la de Gil nos dejan claro que en el momento en que suceden las cosas solemos no entenderlas. Con frecuencia sólo las entiendes cuando las representas, es decir, al volverlas presentes mediante la memoria. Muchas veces, al hacerlo te das cuenta del motivo por el que sucedieron y no queda más que agradecer. Y no me refiero únicamente a las experiencias gratas, a los recuerdos bonitos de viajes o días en familia y amigos; sino también a las experiencias dolorosas, difíciles de digerir o a los anhelos incumplidos. En estos casos, con el paso del tiempo, miras atrás y, a pesar de todo, te percatas de que incluso esas experiencias contribuyeron a perfilar lo que eres hoy.

Hay una íntima relación entre ser agradecido y ser feliz. He comprobado que decir "gracias" de corazón es el camino más corto para sentirte pleno y verdaderamente feliz. Observa y siente cómo al agradecer, el corazón se ensancha, irradia una luz que traspasa el cuerpo y hace que tu rostro dibuje una sonrisa. De hecho, es imposible agradecer y sentirte deprimido, triste o neurótico. Además te da grandes beneficios de salud que en un momento te comparto.

Y si bien sabemos lo que es la gratitud, quizá ignoramos lo que puede hacer por nosotros y su verdadero potencial y poder.

El agradecimiento como filosofía de vida es una decisión personal que implica ver que el universo siempre está y estará a tu favor. Agradece incondicionalmente los hechos de la vida y reconócelos como una bendición, a pesar de que en ocasiones vengan envueltos en dolor o miedo; verás que pueden cambiar por completo tu forma de vivir.

Agradecer incondicionalmente significa reconocer y honrar paso a paso lo que vives, lo que sientes, sin resistirte o luchar contra ello; con la humildad de rendirte ante lo inevitable y confiar en que, con el tiempo, entenderás y entenderemos el porqué.

La energía del corazón

Me tomó del brazo y en segundos me marcó con sus palabras: "Yo trabajo con enfermos terminales, Gaby. En este hospital nacen y en el que yo estoy, mueren. Y te puedo decir que en mi profesión, verdaderamente, he tenido los momentos más felices de mi vida. Cuando una persona moribunda me mira a los ojos y con la mirada me dice un 'gracias' ¡tan profundo!, tengo una sensación que no te puedo describir."

Nunca supe su nombre, sólo que era tanatóloga. Me dejó pensando que son pocas las "gracias" de corazón que se pueden dar en esta vida, tan poderosas como las que ella recibe. En un momento como ése no hay intereses, no hay poses, no hay agendas escondidas. Es sólo un corazón que agradece a otro corazón.

No pudimos continuar la conversación. Estaba en la firma de libros al término de una conferencia que di en el Hospital de Perinatología de la Ciudad de México, para celebrar los veinticinco años de las voluntarias, pero lo que me dijo me transmitió perfectamente su sensación.

Sin duda, todos hemos experimentado en algún nivel el placer de ser el receptor de la gratitud. Sabemos también que la sensación es comparable con la de pararse frente al mar y respirar su grandeza. Va más allá de la egolatría, lo racional o lo emocional; sin contar que se suma al placer intrínseco que da saber que has contribuido al bien.

Asimismo, nos hemos sentido heridos cuando hay ingratitud, cuando se ignora o se ve con indiferencia que nos hayamos salido del camino por alguien; o bien, cuando sentimos que el agradecimiento es forzado o falso.

Agradecer beneficia tu salud

Los sentimientos de gratitud, amor y aprecio, de acuerdo con los estudios de HeartMath Institute, se relacionan con patrones rítmicos coherentes del corazón, lo que no sólo nos hace sentir bien en lo físico, sino en lo espiritual y emocional. Lo increíble es que esa sensación se expande y de algún modo impacta también al que recibe un auténtico "gracias".

Quizá te haya ocurrido que al platicar con una persona, sin saber cómo o por qué, su energía sea suficiente para relajarte, o bien, para hacerte sentir un cierto rechazo o tensión, aun sin conocerla. La razón es que la persona que nos relaja tiene un ritmo cardiaco suave, ordenado y coherente. El nuevo campo de la neurocardiología sugiere que la frecuencia cardiaca de una persona puede provocar que nuestras ondas cerebrales se empaten.

"De hecho, comenta el doctor Emmons, el corazón es el generador de energía electromagnética más poderoso en todo el cuerpo. El campo eléctrico del corazón es cerca de sesenta veces más grande en amplitud que la electricidad generada por el cerebro. Es más —continúa Emmons—, el campo magnético producido por el corazón es más de cinco mil veces más fuerte que el campo generado en el cerebro. Éste puede detectarse hasta casi dos metros de distancia del cuerpo en todas direcciones, a través de un instrumento llamado magnetómetro." ¿No es increíble?

Cuando piensas algo y lo sientes en el corazón, crea una emoción determinada, como si fuera un lenguaje, un idioma. Este lenguaje, a su vez, forma un campo cardiaco que se modifica de acuerdo con tus diferentes estados de ánimo. Está documentado que este campo electromagnético, de hecho, puede transmitir información que el otro recibe.

Por eso, cuando alguien con la mirada, con un gesto o con palabras, te da un "gracias" de corazón, en verdad es el mejor regalo que puedes recibir. No creo que haya nada más que te genere esa maravillosa sensación.

Asegura la salud de tu corazón

Muchos conocemos historias como la de Luis, un querido amigo de cincuenta y pico años de edad, con dos ataques al corazón. Su trabajo le había causado siempre mucho estrés, no tenía horario fijo y viajaba con frecuencia. Esto le impidió llevar una vida sana, con rutinas de ejercicio, además sufría de sobrepeso y fumaba.

Actualmente, Luis se considera un hombre muy afortunado, con otra perspectiva de la vida. "En verdad soy otro hombre. Hoy sé qué es lo importante en la vida y doy gracias a Dios todos los días por darme la oportunidad de estar vivo", me cuenta emocionado.

Los estudios han mostrado en pacientes como él, cambios físicos medibles como resultado de cultivar el aprecio, el agradecimiento y otras emociones positivas. En un experimento con varios pacientes se demostró que, a través de la técnica de cultivar y enfocarse sólo en el aprecio y el agradecimiento, aumentaron los niveles de inmunoglobulina A, anticuerpos que se encuentran en la nariz y la boca, que sirven como primera línea de defensa contra los virus.

Asimismo, en otras pruebas, documentaron cambios favorables en el balance hormonal, con reducción del cortisol, la hormona del estrés y con un aumento de cien por ciento de la hormona DHEA; que refleja un estado físico de relajación.

EJERCICIO

"Cierra los ojos y relájate. Envía tu atención al área del corazón. Puedes colocar tu mano sobre él, si esto te ayuda a enfocarte. Visualiza que tu respiración entra y sale pasando por esta área; inhala y exhala lentamente. Ahora, enfócate en crear un genuino sentimiento de aprecio y agradecimiento hacia algo o alguien que haya sido muy positivo en tu vida. Siente la emoción del aprecio, no sólo la pienses. Trata de mantener sinceramente esta sensación de amor tanto como puedas."

Acabas de leer un extracto de las instrucciones que los investigadores del *HeartMath* dan para inducir un estado positivo. Le llaman la técnica de "corazón-asegurado". Te invito a hacerlo todas las noches en tu cama, antes de conciliar el sueño. ¡Te aseguro que dormirás mejor! Consiste en deslindarse conscientemente de emociones no placenteras. ¿Para qué? Ellos afirman que el corazón se comunica con el cerebro y el resto del cuerpo por medio de varios sistemas; por lo que el corazón tiene una influencia significativa en cómo funciona nuestro cerebro y el resto del cuerpo.

Lo que me parece increíble es observar en las gráficas publicadas en el libro *Thanks*, del doctor Emmons, que con la simple relajación nuestro corazón puede funcionar tan bien y tan eficientemente como cuando cultivamos el aprecio. Los patrones del ritmo cardiaco son muy diferentes dependiendo de si éste está relajado, bajo estrés o en estado de aprecio.

Cuando de manera consciente sentimos "gracias", "qué afortunado soy", "qué placer ver este atardecer" o "qué privilegio tenerte en mi vida", podemos restablecer los ritmos naturales del corazón.

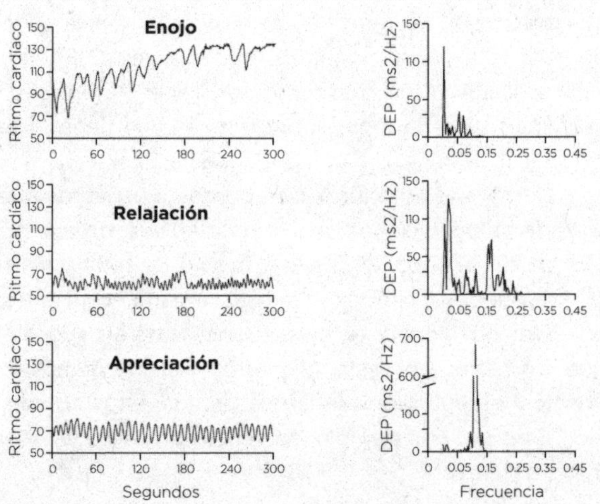

Solemos dar por hecho tener un corazón sano, hasta que —como siempre en temas de salud— comienza a reclamar atención.

El reto está en detenernos a lo largo del día y apreciar. Apreciar el agua con la que nos lavamos las manos, al ser amado que tenemos junto, lo delicioso que está un platillo, la libertad de estar sano y agradecer el aire que respiramos. De esta manera, no sólo seremos más felices, sino que nuestro corazón funcionará mejor.

Por otro lado, todos tenemos una historia que contar, como la siguiente.

Un ejercicio que cambiará tu vida: Cien cosas que agradecer

Sí, hazte el favor de agradecer. No lo dejes pasar; quizá no hoy ni mañana, pero, en verdad, te recomiendo que lo hagas. Te invito a que te sientes, tomes un papel, una pluma y lleves a cabo el siguiente ejercicio.

Aunque en la vida hay pocas cosas que podemos garantizar, te pido que en esta ocasión confíes en mí, porque los beneficios que obtendrás al hacer este ejercicio pueden cambiar literalmente y por completo tu visión de la vida. Si te animas a hacer la prueba, haz una cita contigo en un lugar tranquilo, siempre tienes tiempo para todos, menos para ti mismo, ¿cierto? El ejercicio se llama "Cien cosas que agradecer". El objetivo es invitarte a reflexionar sobre todo lo que tienes que agradecer desde el momento en que naciste.

La meta es identificar cien puntos o aspectos que consideras bendiciones de la vida, de Dios, de tus papás, de tus amigos, de tus maestros o de tus hijos. En la lista puedes incluir experiencias, lugares, canciones, personas que conociste, paisajes, obras de arte con las que has tenido contacto, aventuras, viajes y demás; lo principal es que sean cosas por las que estás agradecido. Podrías, por ejemplo, comenzar por agradecer el milagro de existir.

Hay varias formas de realizar el ejercicio. Puedes hacerlo de manera cronológica o anotar las ideas conforme se formen en tu mente. Si de momento no completas más de diez o quince, no importa, al día siguiente intenta otro tanto hasta que llegues a las cien. Incluso puedes pedirle a tu pareja o a un amigo que te ayuden a recordar los momentos importantes de tu vida.

La gratitud no sólo se enfoca en los momentos positivos, también incluye los significativos; esto significa que puedes estar agradecido por los errores cometidos en el pasado, las enfermedades, los desamores, las separaciones, los fracasos y demás sombras. Es un hecho que en estos casos, con el paso del tiempo, te das cuenta de que el dolor que en su momento te provocaron te dejó también un regalo: mucho aprendizaje y madurez.

Es importante que cada punto de tu lista responda a dos cosas: "Qué" y "Por qué". Te comparto un ejemplo de mi lista "Qué": haber nacido en la familia en que nací. "Por qué": desde niña, siempre tuve en mis papás un ejemplo de armonía y respeto, lo que me dio una infancia muy feliz. Responder al "por qué" nos hace valorar más la experiencia y con ello crece la gratitud que le tenemos.

Los beneficios de "Cien cosas que agradecer" son los siguientes:

- Pone tu vida en perspectiva y amplifica tu conciencia.
- Te conecta con tus prioridades y valores verdaderos.
- Entre más te enfocas en la gratitud, menos te apegas a lo material, a las posesiones y a la sensación de que "algo" falta en tu vida.
- Comienzas a ver la vida no sólo con los ojos, sino con el corazón.
- Te ayuda a enfocarte en lo "positivo" y a re-valorar aquello que habías juzgado como "negativo" o "malo".

- Te ayuda a descubrir regalos en los lugares menos esperados.
- Aprecias más lo que tienes aquí y ahora.
- Entre más agradeces, más atraes aquello
- que agradeces.
- Es la mejor terapia del mundo. Tus niveles de optimismo, confianza y entusiasmo se elevan: es imposible agradecer y estar deprimido.
- Te das cuenta de cuánto amor has recibido y de cuánto tienes que agradecer.

También puedes regalar esta lista a alguien especial. En el cumpleaños de Pablo, mi esposo, lo hice y créeme que es mucho más significativo que cualquier objeto. A los dos nos hizo recordar lo felices que hemos sido y él guarda esa lista como un tesoro.

La garantía que te ofrecí sólo funciona si pones en práctica tu capacidad de agradecer. Así que, hazte un favor y recuerda: ¿de qué y a quién le tienes gratitud?

Los cinco arrepentimientos

Fui feliz e hice felices a los demás. Viví lo mejor que pude con lo que la vida me dio. ¿Te imaginas, querido lector, decir eso en tus últimos días? Ésa sería la verdadera meta. No hay más. Llamó mi atención el título del libro, cuya traducción en español sería: *Las cinco cosas de las que más se arrepienten los moribundos*, escrito por Bronnie Ware, una compositora australiana que trabajó muchos años como enfermera en el área de "cuidados paliativos", y cuyo trabajo consistía en acompañar a aquellos pacientes terminales que los médicos enviaban a morir a su casa durante sus últimas semanas de vida. ¡Qué generosidad de trabajo!

El número de pacientes que atendió le permitió ver que hay una constante en el tipo de reflexiones que las personas se hacen al ver que el fin se acerca. Sirva pues esta información para disminuir nuestros posibles motivos de arrepentimiento.

1 ME HUBIERA GUSTADO TENER EL VALOR DE SER FIEL A MÍ MISMO, EN LUGAR DE VIVIR COMO OTROS ESPERABAN QUE LO HICIERA.

"¿Por qué permití que otros me gobernaran?" Este reclamo fue el que más escuchó entre sus pacientes. Cuando las personas veían que el término de su vida se acercaba, miraban con claridad y frustración la cantidad de sueños que por temor no realizaron.

La mayoría de sus pacientes ni siquiera había cumplido con la mitad de sus sueños. Grace, una de ellas, le hizo prometer algo que a todos nos vendría bien: "Prométele a esta mujer moribunda que siempre serás fiel a ti misma. Que tendrás el valor de vivir como tú quieras, sin importar lo que otros opinen de ti."

2 ME HUBIERA GUSTADO NO HABER TRABAJADO TANTO.

"Trabajé tan duro toda mi vida —le comentó John— que heme aquí, soy un moribundo solo. Y lo peor es que lo he sido durante muchos años." La obsesión por trabajar ocasionó rupturas permanentes en su familia. Ware comenta que si bien escuchaba este reclamo en algunas mujeres, todos sus pacientes masculinos lo repetían. Extrañaban profundamente la juventud de sus hijos y la compañía de una pareja de vida.

3 ME HUBIERA GUSTADO TENER EL CORAJE DE EXPRESAR MIS SENTIMIENTOS.

"Mis hijos no me conocen. Admito que no sé cómo hablar de lo que verdaderamente siento...", comentaba su paciente Jozsef, mientras le escurría una lágrima por la mejilla. Con esta experiencia Ware confirmaba lo común que es reprimir nuestros sentimientos, con el fin de vivir "en paz". Como resultado, terminamos por vivir una vida mediocre, sin aprovechar todo nuestro potencial. La frustración y el resentimiento provocados por vivir así nos enferma.

4 ME HUBIERA GUSTADO TENER MÁS CONTACTO CON MIS AMIGOS.

"La soledad te mata —le comentó Doris—, tengo hambre de contacto físico. Extraño a mis amigas. Cuando eres joven piensas que ellas estarán contigo para siempre, pero la vida te lleva y encuentras que no tienes a nadie que te comprenda o conozca tu historia." Todos extrañan a sus amigos cuando están muriendo, comenta Ware y se lamentan por no haberles dedicado más tiempo. Al final, el amor y las relaciones es lo único que importa.

5 ME HUBIERA PERMITIDO SER MÁS FELIZ.

Esto es sorpresivamente común. Muchos no se dan cuenta de que la felicidad es una opción, sino hasta el final de sus vidas. "Creo que nunca sentí que merecía ser feliz", le comentó otra de sus pacientes. Ella se había estancado como muchos en patrones y hábitos familiares. En el fondo, todos anhelaban haber reído más y haber vivido de manera más ligera.

Todos vamos a morir pero, mientras tanto, estas reflexiones nos recuerdan que también todos tenemos la opción de decidir cómo hacerlo.

PUNTOS A RECORDAR

1. Agradecer beneficia tu salud.
2. El campo magnético producido por el corazón es más de cinco mil veces más fuerte que el campo generado por el cerebro.
3. En el momento en que suceden las cosas, no las entendemos.
4. Hay diferencia entre olvido e ingratitud.
5. Hay una íntima relación entre ser agradecido y ser feliz.
6. La ingratitud forma parte de nuestro lado oscuro.
7. No hay regalo que se compare con recibir un gracias de corazón.
8. Todos esperamos que la gente reconozca de algún modo el bien que se le ha hecho.
9. Si quieres cambiar tu vida, escribe cien cosas por las cuales estás agradecido.
10. Todos vamos a morir, pero podemos decidir cómo hacerlo.

Yo decido gozar

Para cerrar el libro, comparto contigo, querido lector, un extracto de un poema escrito por el poeta sufí Omar Khayyám, matemático y astrónomo del siglo XI, quien nos invita a embriagarnos, a celebrar el vino, el instante y la finitud de la vida.

Él es famoso por sus Rubaiyat (palabra que significa cuartetas), que son una verdadera belleza. Un largo poema suyo que se descubrió en Occidente apenas en el siglo XIX, dividido en estrofas. Permíteme que este brevísimo extracto sea mi regalo. Al leerlo con calma te percatarás de su profundidad y sabia filosofía. Me encanta cómo Khayyám nos hace ver que la vida es una taberna, un lugar para compartir y gozar; un sitio en el que al llegar nos ofrecen un vaso de vino para conversar. Con la apertura del corazón que la bebida nos da, nadie enjuicia ni critica a nadie. Y, puesto que ignoramos lo que el mañana nos depara, tenemos la obligación de gozar y hacer gozar, sin dañarnos y sin dañar al otro.

A través de sus *Rubaiyat*, Khayyám nos deja ver que es preferible estar embriagado de la existencia que vivir la estupidez de la muerte en vida. Pues hay quien vive como si estuviera muerto y no se percata del privilegio de la existencia ni de la belleza:

Más allá de los límites de la Tierra,
más allá del límite infinito,
buscaba yo el Cielo y el Infierno. Pero una voz severa
me advirtió: "El Cielo y el Infierno están en ti."

Convéncete bien de esto: un día tu alma dejará el cuerpo
y serás arrastrado tras un velo fluctuante entre el mundo
y lo incognoscible. Mientras esperas, ¡sé feliz!
No sabes cuál es tu origen e ignoras cuál es tu destino.

Igual que una linterna mágica es el destino
en torno del cual vamos todos girando:
la lámpara es el Sol, el mundo la pantalla,
nosotros las imágenes que pasan y se esfuman.

Se nos da un breve instante para gustar del agua
en este ardiente páramo. Ya el astro de la noche palidece.
La vida llegará a su término: el alba de la Nada.
Vamos, pues, date prisa.

Renuncia a la recompensa que merecías.
Sé feliz. No te lamentes por nada. No anheles nada.
Lo que te ha de suceder, escrito está en el libro
que hojea al azar el viento de la Eternidad.

Sabes que no tienes poder sobre tu destino.
¿Por qué esa incertidumbre del mañana ha de causarte miedo?
Si eres sabio, goza del momento presente. ¿El porvenir?
¿Qué te puede traer el porvenir?

Cielo, Infierno, esperanzas, temores... ¡Bah!
Traigan de beber. Una cosa es cierta:
la vida va pasando y el resto es vaciedad.
La flor marchita nunca florecerá de nuevo.

Cierra tu libro y piensa. Mira impasible al Cielo y a la Tierra.
Da al pobre la mitad de tus bienes, perdona las ofensas,
no le hagas daño a nadie
y apártate a un rincón si quieres ser dichoso.

Acepta cualquier goce que pueda ofrecerte la vida.
No creas que haya alguien
que cuente nuestros vicios y virtudes.
Desprecia lo que pueda robarte un momento dichoso.

Omar Khayyám

La invitación se puede resumir en:
embriágate de la vida. En todo lo que hagas,
embriágate. Si trabajas,
embriágate de tu trabajo,
de ti, del ser, de alguien y del amor.
Porque, quien jamás
se ha embriagado de amor, no sabe
qué es la vida. Y todo lo anterior
está en ti, en el poder que tienes
de afirmar:

yo decido

Un abrazo,

Gaby Vargas

Bibliografía

Allen, James, *As a man thinketh*, USA, Barnes & Noble, 2007.

Ben-Shahar,Tal, *Happier*, USA, McGraw-Hill, 2007.

Bronson, Po, *Nurture Shock*, USA, Twelve, 2009.

Brown, Brine, *The Gifts of Imperfection*, USA, Hazelden, 2010.

Carlson, Richard, PH. D., *You Can Be Happy No Matter What*, Canadá, New World Library, 1997.

Choquette, Sonia, *Trust Your Vibes, UK*, Hay House, 2010.

Crowley, Chris / Lodge, Henry S., *Younger Next Year*, USA, Random House, 2007.

Dyer, Wayne, *Inspiration*, USA, Hay House, 2006, 252

Emmons, Robert A., *Thanks!*, USA, Houghton Mifflin Company, 2007.

Freston, Kathy, *Quantum wellness*, USA, Weinstein, 2008.

Freston, Kathy, *Quantum wellness*, USA, Ebury Press, 2008.

Friedman, Howard, T*he Longevity Project*, USA, Street Press, 2011.

Gottman, John M., *The Relationship Cure*, USA, Three Rivers Press, 2001.

Greene, Robert, *Perfect balance*, USA, Three Rivers Press, 2005.

Hay, Louise L., *Todo está bien*, España, Diana, 2013.

Holden, Robert, *Happiness Now!*, USA, Hay House, 2007.

Jampolsky, Gerald, *El perdón*, México, Alamah, 2002.

Kabat-Zinn, Jon, *Arriving at your own door*, USA, Hyperion, 2007.

Korn, Danna, *Gluten-Free for Dummies*, USA, Wiley Publishing, 2010.

Lesser, Elizabeth, *Broken Open*, USA, Villard, 2004.

Matthews, Andrew, *Follow your heart*, USA, Price Stern Sloan, 1997.

Myss, Caroline, *Invisible Acts of Power*, USA, Free Press, 2004.

Myss, Caroline, *Las siete moradas*, España, Vergara, 2008.

Pollan, Stephen M. / Levine, Mark, *It's All in Your Head: Thinking Your Way to Happiness*, USA, Collins, 2005.

Powell, John S. J., *Happiness Is an Inside Job*, USA, Tabor Publishing, Texas, 1989.

Pratt, Steven G. / Matthews, Kathy, *Super foods*, USA, Harper, 2004.

Reiss, Uzzi / Reiss Gendell, Yfat, *The Natural Superwoman*, USA, Avery, 2007.

Riso, Don Richard / Hudson, Russ, *La sabiduria del E neagrama*, España, Urano, 2000.

Roizen, Michael F. / Oz, Mehmet C., *You: The Owner's Manual*, USA, Collins, 2005.

Roizen, Michael F. / Oz, Mehmet C., *You: Staying Young*, USA, Free Press, 2007.

Sears, Barry, *La inflamación silenciosa: cómo combatirla con la dieta de la zona*, España, Ediciones Urano 2007, 2005.

Sears, Barry, *The Anti-inflammation Zone*, USA, Harper, 2005.

Tolle, Eckhart, *A New Earth*, USA, Plume Book, 2005, 316
Weil, Andrew, *Healthy Aging*, USA, Knopf, 2005.
Williamson, Marianne, *The Age of Miracles*, USA, Hay House, 2008.
Yee, Rodney, *Yoga: The Poetry of the Body*, USA, Thomas Dunne Books, 2002.
Zane Pilzer, Paul, *The New Wellness Revolution*, USA, Wiley, 2002.
Zohar, Danah, *Spiritual Capital: Wealth We Can Live By*, USA, B Berrett-Koehler Publishers, 2004.

Esta obra se terminó de imprimir
en el mes de febrero de 2025,
en los talleres de Impresora Tauro, S.A. de C.V.
Ciudad de México.